30분 대치연습으로
글쓰기 고민 끝내기

30분 대치연습으로

글쓰기| 고민 끝내기

Substitution drill

세계로미디어

30분 대치연습으로

글쓰기 고민 끝내기

지은이 ‖ 민경호
펴낸이 ‖ 민경호
펴낸곳 ‖ 세계로미디어
초판발행일 ‖ 2019.3.12.
5쇄 발행일 ‖ 2024.7.11.
주 소 ‖ 경기도 하남시 미사강변서로16. F836호 (하우스디 스마트밸리)
등록번호 ‖ 239-36-00378
등록일 ‖ 2000.2.10
전 화 ‖ (02)763-2159
팩 스 ‖ (02)764-7753
http://www.segyeromedia.co.kr
ISBN 978-89-90530-68-4(03800)
정가: 12,000원

책을 내면서 》》》

언제까지 글쓰기 이론만 배우고 계실 겁니까?
글쓰기 이론을 배우면 글을 잘 쓸 수 있나요?

영어 문법을 공부하면 회화를 잘 하게 되나요?
문법과 회화는 별개이듯 이론과 실습은 별개입니다.

최근에 지인을 통해 알게 된 사람과 이야기를 나누게 되었습니다. 글쓰기 책을 여덟 권 구입해서 다 읽었다는 겁니다. 그래서 그분에게 물어봤습니다.

"그래서 글쓰기 실력이 좀 나아지셨어요?"

그분의 표정을 살펴보니 썩 좋지 않았습니다.

"아닙니다. 글쓰기 책을 읽는다고 실력이 나아지는 게 아니더라고요. 뭐 대충 어떻게 써야하는지는 알겠는데 막상 글을 써보려고 하면 첫 번째 문장에서부터 콱 막혀버리더 군요. 글쓰기 실력에 문제가 있다기보다 문장력이 없는 것 같습니다."

이분이 말한 그대로입니다. 글쓰기를 어려워하는 사람은 공통적으로 문장력이 없는 분들입니다. 문장을 만들어내는 능력을 배양해야 하는데 그 훈련을 하지 않은 것입니다. 본인이 생각하는 내용을 문장으로 빠르게 만들어내는 능력을 훈련해야 합니다. 이 책은 당신 안에 내재되어있는 언어 능력과 감각을 최대치로 끌어올려줄 것입니다. 저에게 글쓰기 강의를 수강하시는 분들에게 제가 입버릇처럼 말하는 내용이 있습니다.

"헬스장에 가서 헬스 트레이너에게 개인지도를 받으신 적이 있나요? 트레이너가 가르쳐준 대로 하면 날씬해지고 건강해지겠지요? 그런데 배운 것을 지식으로만 알고 그냥 집으로 돌아갔다면 과연 그 사람은 날씬해지고 건강해질 수 있을까요? 운동법을 배웠다고 해서 날씬해지는 게 아닙니다. 배운 대로 몸을 움직여 운동(실습)해야 합니다."

맞습니다. '운동방법을 아는 것'과 '운동을 하는 것'은 전적으로 별개입니다. 글쓰기도 마찬가지입니다. '글쓰기 책을 읽는 것'은 '글 쓰는 방법만 익히는 것'이고, '문장을 쓰는 것'은 '글 쓰는 훈련을 하는 것'입니다. '글쓰기 방법을 안다'고 해서 '글을 쓸 수 있는 것'은 아닙니다. 반드시 훈련이 필요합니다.

글을 잘 쓰고 싶으신가요?

빨리 글 잘 쓰는 사람이 되고 싶으신가요?

글을 멋지게 쓰고 싶으신가요?

좋은 글을 쓰고 싶으신가요?

그렇다면 문장 쓰는 훈련부터 하십시오. 이것이 가장 빠르고 확실한 방법입니다.

민선생이 체계화해 개발한 대치연습(代置演習; Substitution drill) 훈련법은 이미 당신이 학교에서 영어를 배울 때 사용했던 방법입니다. 이 방법이 대단히 효과적인 방법임에도 불구하고 많은 사람들이 그 중요성을 인식하지 못하고 있었던 겁니다.

기존의 영어회화 학습법과는 조금 다르게 접근하여 많은 학습자들로부터 선풍적인 인기를 끌고 있는 회사(○○스쿨, ○○○영어)가 있습니다. 이름만 대면 알 수 있는 이들 회사의 제품은 홈쇼핑에서도 날개 돋친 듯 팔리고 있습니다. 그 영어회화 교재에서 활용하는 방법이 바로 대치연습(Substitution Drill) 훈련법입니다. 상황을 제시하고 그 상황을 영어문장으로 만들어내는 훈련을 끊임없이 시킵니다. 다른 단어를 계속 바꿔가면서 문장 안에 적용시켜보는 겁니다. 이 방법으로 훈련한 사람들은 한결같이 증언합니다. 다른 단어를 계속 바꿔가면서 연습해보니 영어 문장이 만들어지더라고 얘기합니다. 결국 회화를 정복할 수 있게 되었다는 것이지요.

여러분이 글쓰기를 정복하시려거든 대치연습(Substitution drill)을 통해 문장을 만들어내는 훈련부터 하셔야 합니다. 이런 훈련은 하지 않고 무턱대고 글을 잘 써야겠다는 생각부터 가지니까 안 되는 겁니다.

'글'이라는 것은 '문장'에서부터 시작되고, '문장'은 '단어'에서부터 시작됩니다. '단어'가 모여 '문장'이 되고, '문장'이 모여 '글'이 됩니다. 그러니 '단어'가 중요하다는 것은 새삼 강조해도 지나치지 않겠지요?

요리를 잘 하려면 무엇에 대해 잘 알아야 하나요? 유명한 셰프들에게 물어보세요. 아마 '식재료'에 대해 잘 알아야 한다고 공통적으로 대답할 겁니다. 맞습니다. 요리를 하는 방법은 무수히 많지만 정말 요리를 잘 하기 위해서는 그 요리를 하는 사람이 식재료에 대해 깊이 있게 잘 알고 있어야 합니다. 결국은 가장 기본적인 것, 근원에서부터 출발해야 한다는 것이지요.

글을 잘 쓰려면 각 단어의 쓰임새와 특성을 깊이 있게 알아야 합니다. 어떤 경우에 어떤 단어를 사용하는 것이 가장 적절한지를 알아야 하는데, 이것은 이론으로 되는 것이 아니고 실습을 통해서만 얻을 수 있는 능력입니다. 즉, '많이 써봤다는 것'은 그만큼 단어를 여러모로 활용해보고 구사해본 경험이 풍부하다는 것을 의미합니다. 이것을 소위 '글쓰기 내공'이라고 하지요.

책 중간 중간에서 다시 설명하겠습니다만, 단어마다 각 단어가 가지고 있는 '고유한 기능'과 '뉘앙스'라는 것이 있습니다. 영어 공부를 할 때는 영어 단어를 외우는 것이 당연한 일이지요. 영어 단어를 외울 때 그 단어의 철자와 우리말 뜻만 외우면 다 된 건가요? 아니죠. 그 단어가 문장에서 어떻게 쓰이는지 예문까지 함께 익혀야 그 단어를 제대로 익혔다고 하지 않겠습니까?

우리말도 마찬가지입니다. 단어를 단편적으로 알아서 되는 게 아니라 그 단어가 실제 문장에서 어떻게 쓰이는지, 문장에서 어떤 역할을 하는지, 어떤 뉘앙스를 갖고 있는지 등등을 알아야 합니다. 그 감각을 익히는 것을 곧 '글쓰기 공부'라고 생각하시면 됩니다. 언어 감각을 최대한 민감한 상태로 만드십시오. 예민해져야 합니다.

이 책자로 연습하지 않은 사람이 1년에 걸쳐 도달할 글쓰기 수준이 있다고 가정할 때, 그 사람이 이 책으로 연습한다면 1개월 안에 도달할 수 있으리라고 믿습니다. 다시 한 번 강조하지만 '글쓰기 실력'은 글쓰기 책자를 읽는 것으로 향상시킬 수 있는 게 아닙니다. 한 문장이라도 더 연습해본 사람이 그렇지 못한 사람보다 훌륭한 글을 쓸 수 있습니다.

글쓰기 초보자라면 반드시 '문장 쓰기' 연습부터 하십시오. 한 문장을 제대로 써내지 못하는 사람이 긴 글을 멋지게 쓴다는 것은 불가능합니다. 한 문장을 완벽하게 써내십시오. 그러면 다음 문장도 그 다음 문장도 완벽하게 써낼 수 있을 겁니다. '기본'으로 돌아가십시오. 글쓰기의 기본은 '한 문장 쓰기'입니다.

2002년 월드컵 4강 신화를 가능하게 했던 히딩크 감독을 잘 아실 겁니다. 그가 처음에 한국 선수들을 지도하면서 강조했던 것이 있습니다. 전술 훈련일까요? 개인기일까요? 팀플레이일까요? 상대팀 선수 분석이었을까요? 아닙니다. '체력 강화 훈련'입니다. 축구 선수가 체력이 좋아야 한다는 건 정말 당연한 것 아닐까요? 어느 감독이 지도하더라도 체력 훈련은 하겠지요. 아무리 생각해도 '체력 강화 훈련'이 그리 특별해보이지는 않습니다. 하지만 히딩크가 생각한 한국 선수들의 문제점이야말로 '체력'이었습니다. 그야말로 기본 중의 기본인 기초 체력 없이는 게임에서 승리할 수 없다는 것이지요. 히딩크가 역점을 두었던 것도 역시 '기본'입니다. 기본에 충실할 때 응용이나 변형, 융합이 가능합니다.

이제 민선생이 체계화해 개발한 대치연습(代置演習)을 시작하십시오. 이를 통해 당신의 언어 감각이 살아날 것입니다. 언어 감각이 살아나면 당신이 쓰려고 하는 어떤 글이라도 쓸 수 있습니다. 조금 어렵고 힘들더라도 훈련을 받아들이면 글쓰기 달인이 될 수 있다는 기대를 품고 이제부터 시작하십시오. 이 책은 어른이나 아이 할 것 없이, 학생이나 직장인, 누구랄 것도 없이 글을 잘 쓰고 싶은 사람에게 큰 도움을 줄 것입니다.

이 책을 다섯 부분으로 나누어서 구성했습니다.

Pattern1은 '짧은 문장 대치연습(기초)'입니다. 여기에서는 짧고 간단한 한 문장을 대치연습합니다. Pattern2는 '긴 문장 대치연습(중급)'입니다. 여기에선 한 문장이지만 좀 긴 문장을 대치연습합니다. Pattern3은 '여러 문장 대치연습(고급)'입니다. 몇 개의 문장을 대치연습합니다. Pattern4는 '문단 글쓰기 대치연습(심화)'입니다. 하나의 문단(paragraph)을 대치연습합니다. Pattern5는 '내가 쓴 글을 대치연습하기'입니다. 본인이 쓴 글을 보면서 대치연습합니다.

당신은 더 이상 글쓰기로부터 오는 스트레스로 시달리지 않게 될 것입니다. 글을 쓰는 것이 말을 하는 것이나 숨 쉬는 것만큼 편해지게 될 것입니다. 아무쪼록, 글쓰기의 달인이 되시기 바랍니다. 이 책으로 공부한 사람이 30년간 글을 써온 저자를 능가하는 글쓰기 대가가 되시길 진심으로 기원합니다. 스승을 뛰어넘는 제자가 반드시 되리라 확신합니다. 감사합니다.

2019.2.26. 민경호

목 차 >>>

Pattern 1

짧은 문장 대치연습 (기초)

머리말에서 충분히 설명했으니 바로 실전 연습에 들어갑니다.

아래에 나온 예문은 다음과 같이 바꿔 쓸 수 있습니다.

[예 문]	이러한	의문들을	항상	마음속에	간직하라
[대치연습1]	이런	질문들을	언제나	마음속에	지녀라
[대치연습2]	이런	의구심을	항상	마음속에	담고 살아라
[대치연습3]	이런 종류의	의구심을	항상	가슴에	품어라
[대치연습4]	이런	의문점들을	언제나	마음에	새겨라

　여러분이 머릿속에 그리고 있는 생각을 문장(언어)으로 표현하는 방법은 한 가지만 있는 게 아닙니다. 위의 예문에서 보듯이 같은 의미라도 조금씩 각도를 바꾸면 다른 뉘앙스의 문장이 만들어집니다.

　이제부터 여러분은 이렇게 단어를 대치하는 연습을 해나갈 것입니다. 단어 하나하나에는 고유한 의미가 있습니다. 뉘앙스도 전부 다릅니다. 어떤 단어를 어느 곳에 배치하느냐에 따라서 문장의 맛은 달라집니다.

　글을 쓴다는 것은, 어떤 단어를 늘어놓아 자신의 생각을 펼쳐나가느냐 하는 작업입니다. 그러므로 단어 고유의 특성을 정확하게 알면 알수록 더 정확하고 세련된 문장을 만들 수 있습니다. 예를 들어서, '느낀다'와 '생각한다'는 서로 다른 의미이지요. 그런데 문장을 쓰다보면 '느낀다'라고 써야할 곳에 '생각한다'를 쓰는 경우도 있고, '생각한다'라고 써야할 곳에서 '느낀다'라고 쓸 때도 있다는 것입니다.

아래 문장을 보세요.

나는 어제 저녁 노을을 바라보며 자연의 경이로움을 느꼈다. (?)

생각했다. (?)

감탄했다. (?)

'느꼈다', '생각했다', '감탄했다' 중에 고를 것이 있나요? 좀 이상하지 않나요? 이 문장은 이대로 놔둘 것이 아니라 조금 바꾸는 게 좋겠습니다.

❶ 나는 어제 저녁 노을을 바라보며 <u>자연의 경이로움에 대해 새롭게</u> 눈을 떴다.

❷ 나는 어제 저녁 노을을 바라보며 자연의 경이로움에 대해 <u>다시 생각하지</u> 않을 수 없었다.

❸ 나는 어제 저녁 노을을 바라보며 자연이 경이롭다는 <u>것을 받아들이지</u> 않을 수 없었다.

❹ 나는 어제 저녁 노을을 바라보며 자연의 경이로움에 대해 <u>생각하게</u> 되었다.

❺ 나는 어제 저녁 노을을 바라보며 <u>자연이 경이롭다고 생각하게</u> 되었다.

이와 같이 변형하니까 조금 더 낫지 않나요? 여기에 정답이 있을까요? 아니오. 정답은 없습니다. 여러분이 이 중에서 선택하는 겁니다. 아래 다섯 개의 문장과 같이 바꾼 이유가 있겠지요?

여기에서 여러분은 더 자연스러운 표현을 찾아내기 위해서 뇌를 사용한 것입니다. 더 적절한 단어, 더 기막힌 표현을 찾아내기 위해 여러분의 뇌 속에 있는 단어를 여러 가지 바꿔가며 대치연습을 한 것이지요. 이것이 바로 글을 쓰는 메커니즘입니다.

이번엔 여러분 스스로 대치연습을 할 차례입니다. 아래의 문장을 변형시켜 보세요. 의미는 같되 표현 방법은 달라야 합니다. ❶~❸까지 번호를 붙여놓았지만 세 개를 모두 완성할 필요는 없습니다. 두 개만 써도 좋고 한 개만 써도 좋습니다. 그냥 머릿속에 떠오르는 문장을 가급적 빠른 속도로 적어보세요. 빠른 속도로 다른 단어를 떠올리며 연습하는 것이 중요합니다. 문장을 다 쓴 다음에 아래 ❶~❺의 문장과 비교해보세요.

[예문] 그리하여 2년간의 연애 끝에 백년가약을 맺었다.

❶

❷

❸

☞ 제가 대치연습한 문장을 볼까요? 이것이 정답은 아닙니다. 참고만 하세요.

❶ 그 후 2년간 연애 기간을 가졌고 마침내 그 사람과 결혼했다.
❷ 그리하여 우리는 2년 동안 연애를 했고 마침내 결혼에 골인했다.
❸ 그래서 2년간 연애한 끝에 평생을 함께 하자는 식을 올렸다.
❹ 그 이후 2년 동안 우리는 연애를 했고 백년가약을 맺게 되었다.
❺ 그리하여 2년이라는 시간 동안 우리는 서로에 대해 알게 되었고 결혼에 골인했다.

이제 요령을 아셨으니 다양한 예제를 통해서 연습해보겠습니다.

[예문] 처음으로 신어보는 스케이트화는 영 불편해서 그걸 신고 똑바로 서 있기도 쉽지
않았다.

❶

❷

❸

☞ 제가 대치연습한 문장을 볼까요? 이것이 정답은 아닙니다. 참고만 하세요.

❶ 스케이트화를 <u>처음으로 신어보니</u> 어색하고 부자연스러워 몸을 <u>가누기도</u> 쉽지 않았다.

❷ 몸을 <u>가눌 수가 없었다</u>. 스케이트화라는 것을 <u>처음</u> 신어보니 그럴 만도 했다.

❸ 스케이트를 <u>처음 탈 때는</u> 원래 이런 것인가? 영 <u>중심이 잡히지 않아</u> 휘청거렸다.

❹ 난생 처음 스케이트화라는 것을 <u>신어보니</u> 불편했는데, 그런 걸 신고 자리에 똑바로
서 있는 것조차 쉽지 않았다. <u>앞으로 나아가는 것은 더 어렵지 않을까?</u>

❺ 스케이트라는 것이 원래 이런 것일까? 이런 걸 신고 어떻게 앞으로 나아갈 수 있을
까? <u>신기했다</u>. <u>몸조차 제대로 가눌 수 없었으니</u> 말이다.

대치연습입니다. 세 개를 모두 채울 필요는 없습니다. 생각나는 대로 써 보세요.

[예문] 지난 1년간 이날만을 기다려왔는데 이 무슨 운명의 장난이란 말인가!

❶

❷

❸

☞ 제가 대치연습한 문장을 볼까요? 이것이 정답은 아닙니다. 참고만 하세요.

❶ 지난 1년간 이날만을 <u>기다려 왔다</u>. <u>그런데 어찌된 일인가</u>. 일이 이렇게 될 줄이야.

❷ 그동안 기다린 <u>보람도 없이</u> 일을 그르치고 말았다. 기다린 1년의 세월이 <u>주마등처럼</u> <u>뇌리를 스쳐갔다</u>.

❸ <u>아뿔싸!</u> 이 무슨 운명의 장난이란 말이냐. 지난 1년간 이날만을 기다려 왔는데 <u>이래</u> <u>도 된단 말인가?</u>

❹ <u>허무하도다</u>. <u>이날이여</u>. 지난 1년간 기다린 보람도 없이 <u>어찌 이런 일이</u> 생긴단 말인 가.

❺ 1년간 이날만 고대해왔는데 <u>낭패로다</u>. 이걸 어찌 받아들여야 한단 말인가.

계속 합시다. 세 개를 모두 채울 필요는 없습니다. 생각나는 대로 써 보세요. 이런 연습을 지속적으로 많이 해야 단어와 문장에 대한 감각이 더 예민해지게 됩니다.

[예문] 이렇게 백주대낮에 마음에도 없는 거수에 동참해야 한단 말인가.

❶

❷

❸

☞ 제가 대치연습한 문장을 볼까요? 이것이 정답은 아닙니다. 참고만 하세요.

❶ 난 못하겠다. 나는 반대 생각을 가지고 있는데, 어찌 마음에도 없는 일에 동의할 수 있단 말인가.

❷ 이렇게 마음에도 없는 거수에 동참할 수도 없는데 어찌하겠는가.

❸ 세상에나. 내가 동의할 수 없는 일에 거수할 수는 없지.

❹ 아닌 건 아닌 거다. 나 스스로도 인정 못할 일에 동조할 수는 없지 않은가 말이다.

❺ 난 반대다. 모든 사람이 손을 든다고 해서 나까지 그들을 따라 하라는 법은 없지.

더 해볼까요? 세 개를 모두 채울 필요는 없습니다. 생각나는 대로 써 보세요.

[예문] 그것이 오해였다는 사실이 금방 밝혀져서 안도의 한숨을 내쉬었다.

❶

❷

❸

☞ 제가 대치연습한 문장을 볼까요? 이것이 정답은 아닙니다. 참고만 하세요.

❶ <u>그것은 오해였다</u>. 오해였다는 사실이 금방 <u>밝혀져서 다행이다</u>.

❷ 오해받을 뻔 했는데, 그것이 오해라는 사실이 금세 밝혀지는 바람에 <u>위기를 모면했</u>
<u>다</u>.

❸ <u>안도의 한숨을 내쉬었다</u>. 자칫하면 오해가 사실로 인정되어 <u>화를 입을 뻔했다</u>.

❹ 큰일 날 뻔 했지만 그것이 오해였다는 사실이 금방 밝혀졌다. <u>다행이다</u>.

❺ 그건 오해였지만 사람들은 <u>그걸 믿을 뻔 했다</u>. 다행히 오해라는 것이 밝혀져 <u>화를</u>
<u>면할 수 있었다</u>.

자, 그러면 이쯤 해서 머리를 식히고 가겠습니다. 단 시간에 머리를 너무 많이 쓰면 힘들겠지요? 글쓰기에 도움이 될 만한 팁(tip) 몇 가지만 소개합니다.

[Tip1]

<u>실수 없는</u> 노후의 삶 위해... 라는 표현이 나을까요?
<u>실패 않는</u> 노후의 삶 위해... 라는 표현이 나을까요?
'실수 없는'이라는 게 좀 이상하지 않나요? 이것 보다는 '실패 않는'이 더 나을 것 같고 그 보다는 '실수 하지 않는'이 더 낫겠지요. 어떤 표현이 더 좋은 뉘앙스를 가지고 있는지, 문법적으로 틀린 말은 아닌지 면밀히 검토해 보세요.

[Tip2]

특히 밑줄 친 부분을 유의해서 보세요. 변형되는 메커니즘을 눈여겨 볼 필요가 있습니다. 언어 감각을 최대한 키우십시오. 단어에 민감해져야 합니다.

너는 <u>잡스에게</u> 영향을 많이 받은 것 같다.
너는 <u>잡스에게서</u> 영향을 많이 받은 것 같다.
너는 <u>잡스로부터</u> 영향을 많이 받은 것 같다.
너는 <u>잡스한테서</u> 영향을 많이 받은 것 같다.
너는 잡스로부터 <u>많은 영향을</u> 받은 것 같다.

<u>'영향을 많이 받은 것'</u>과 <u>'많은 영향을 받은 것'</u>에는 어떤 차이가 있을까요? 여러분이 문장을 구사할 때 이런 선택의 순간은 끊임없이 다가옵니다. 어떤 것이 더 좋을지는 그때그때 여러분이 판단하십시오.

대치연습입니다. 세 개를 모두 채울 필요는 없습니다. 생각나는 대로 써 보세요.

[예문] 이러한 활동은 내가 중학교 시절에 가장 좋아했던 과목이 '국어' 였다는 사실과 무관하지 않다.

❶

❷

❸

☞ 제가 대치연습한 문장을 볼까요? 이것이 정답은 아닙니다. 참고만 하세요.

❶ 중학생 때 <u>국어과목을 가장 좋아했기 때문에</u> 이러한 활동을 할 수 있었다.

❷ 이러한 활동을 한 것은 중학생 시절에 국어를 가장 좋아했기 <u>때문이 아닐까 생각한</u> 다.

❸ 중학생 때 다른 과목보다 더 국어 과목을 좋아했던 나였기에 <u>당연히 이러한 활동을</u> <u>했던 것이 아닌가 생각한다.</u>

❹ 이러한 활동을 했던 배경에는 내가 중학생 때 국어 과목을 가장 좋아했던 것이 <u>깔려</u> <u>있지 않을까?</u>

대치연습입니다. 세 개를 모두 채울 필요는 없습니다. 생각나는 대로 써 보세요.

[예문] 애플이 TV광고에서 보여주는 특이함 또한 이와 비슷한 맥락에서 이해해야 할 것 같다.

❶

❷

❸

☞ 제가 대치연습한 문장을 볼까요? 이것이 정답은 아닙니다. 참고만 하세요.

❶ 애플은 대단히 <u>독특한 회사다</u>. 그 독특함이 반영된 광고를 이와 비슷한 맥락에서 이해해야 하지 않을까?

❷ TV광고를 접해본 사람들은 애플이 자사 상품을 대단히 <u>독특하게 홍보한다는 것을 알 수 있다</u>. 이 또한 이와 비슷한 맥락에서 이해해야 할 것 같다.

❸ 애플은 시청자들에게 <u>독특하게 광고한다</u>. 이런 성향 또한 이와 <u>비슷한 연장선상에서 이해해야 하지 않을까?</u>

대치연습입니다. 세 개를 모두 채울 필요는 없습니다. 생각나는 대로 써 보세요.

[예문] 정형화된 틀 안에 자신의 사고를 가두어 두고 좌우를 살펴보지 않는 사람은 유
연한 사고를 가졌다고 할 수 없다.

❶

❷

❸

☞ 제가 대치연습한 문장을 볼까요? 이것이 정답은 아닙니다. 참고만 하세요.

❶ 자신이 만들어 놓은 사고의 틀 속에 생각을 가두어 두고 옆을 돌아보지 않는 사람은
경직된 사고를 가졌다고 할 것이다.

❷ 유연한 사고를 가지려면 정형화된 틀 속에 자신의 사고를 가두어선 안 된다. 좌우를
살펴볼 줄 알아야 한다.

❸ 본인이 정한 생각의 틀 안에 자신을 가두어 놓고 주변을 살피지 않는 사람은 유연한
사고를 가진 사람이 아니다.

대치연습입니다. 세 개를 모두 채울 필요는 없습니다. 생각나는 대로 써 보세요.

[예문] 처음부터 그런 계획이 있었는지는 모르겠으나 한 줄에 한 명씩 나와서 장기자랑을 하라고 했다.

❶

❷

❸

☞ 제가 대치연습한 문장을 볼까요? 이것이 정답은 아닙니다. 참고만 하세요.

❶ 애초에 그런 계획이 있었는지는 알 수 없으나, 앞에 나와 <u>보여줄 게 있으면</u> 한 줄에 한 명씩 나와서 해보라고 했다.
❷ 그런 계획이 처음부터 <u>누군가에 의해 만들어졌는지는</u> 알 수 없지만, 각 줄에 한 명씩 선발해서 장기자랑을 하라고 했다.
❸ <u>각기 자기가 속한 줄에서 한 명을 선발하란다.</u> 처음부터 그런 계획이 있었는지는 알 수 없지만 한 명씩 나와서 장기자랑을 해보라고 했다.

대치연습입니다. 세 개를 모두 채울 필요는 없습니다. 생각나는 대로 써 보세요.

[예문] 이미 많은 시간과 열정을 쏟았기에 본전 생각이 간절했다.

❶

❷

❸

☞ 제가 대치연습한 문장을 볼까요? 이것이 정답은 아닙니다. 참고만 하세요.

❶ 넘치도록 그 일에 많은 시간과 열정을 쏟아 부었다. <u>그러니 발을 뺄 수도 없었다.</u>

❷ 이미 <u>수많은 시간과 뜨거운 열정을 쏟아 부었으니</u> 이제 와서 <u>방향을 바꿀 수도 없고</u> <u>뭔가는 건져야 했다.</u>

❸ 그동안 <u>쏟은 시간과 열정이 아까워서라도</u> 그만두거나 돌아갈 수는 없었다. <u>뭐라도</u> <u>건져야 했기 때문이다.</u>

대치연습입니다. 여기서는 빈 칸 채우기 연습을 해보겠습니다. 방식은 좀 다르지만 문장을 만드는 원리는 똑같습니다.

[예문] 남의 나라 땅에 도착했을 때 먼저 와 닿은 것은 언어장벽이었다.

이 문장을 아래와 같이 변형시킬 때 빈 칸 안에 어떤 말을 써넣으면 좋을지 생각하면서 써보세요.

❶ 남의 나라에 가니 (_____) 언어가 다르다는 것이었다.

❷ 외국에 도착했을 때 (_____) 무엇보다 먼저 와 닿았다.

❸ 언어장벽이야말로 남의 나라에 도착했을 때 가장 먼저 (_____)였다.

☞ 제가 대치연습한 문장을 볼까요? 이것이 정답은 아닙니다. 참고만 하세요.

❶ 남의 나라에 가니 <u>우선 부딪히는 문제는</u> <u>언어가 다르다는 것이었다.</u>
❷ <u>외국에</u> 도착했을 때 <u>언어가 다르다는 것이</u> 무엇보다 먼저 <u>와 닿았다.</u>
❸ 언어장벽이야말로 남의 나라에 도착했을 때 가장 먼저 <u>맞닥뜨리는 문제였다.</u>

대치연습입니다. 여기서는 빈 칸 채우기 연습을 해보겠습니다. 방식은 좀 다르지만 문장을 만드는 원리는 똑같습니다.

[예문] 지금 생각하면 백번 잘한 결정이다.

이 문장을 아래와 같이 변형시킬 때 빈 칸 안에 어떤 말을 써넣으면 좋을지 생각하면서 써보세요.

❶ (_____) 그때 결정한 것이 아주 옳았다.

❷ 지금도 그때의 일을 생각하면 (_____) 옳았다는 것을 알 수 있다.

❸ 지금 생각해보면 (_____)을 알 수 있다.

☞ 제가 대치연습한 문장을 볼까요? 이것이 정답은 아닙니다. 참고만 하세요.

❶ 이제 와서 생각해보니 그때 결정한 것이 아주 옳았다.
❷ 지금도 그때의 일을 생각하면 그 당시 내가 내린 결정이 옳았다는 것을 알 수 있다.
❸ 지금 생각해보면 그때 내린 결정이 옳았다는 것을 알 수 있다.

대치연습입니다. 세 개를 모두 채울 필요는 없습니다. 생각나는 대로 써 보세요.

[예문] 그렇게 태국 파타야의 밤거리는 우리에게 걱정과 낭만을 동시에 안겨주었다.

❶

❷

❸

☞ 제가 대치연습한 문장을 볼까요? 이것이 정답은 아닙니다. 참고만 하세요.

❶ 태국 파타야에서 보냈던 그 밤의 거리는 우리를 <u>걱정하게도 하고 그와 함께 낭만도</u> <u>느낄 수 있게</u> 해주었다.

❷ 태국 파타야에서 우리는 걱정도 했고 낭만도 즐겼다. 우리에게 <u>그 밤거리는 그렇게</u> <u>다가왔다</u>.

❸ 우리에게 상반된 두 가지 감정을 느끼게 한 건 태국 파타야의 밤거리에서였다. 거기서 우리는 <u>걱정과 낭만 두 가지를 추억으로 남겼다</u>.

이제 머리를 식히고 가는 페이지입니다.

[Tip3]

사람들은 글을 잘 쓰는 방법을 많이 궁금해합니다. 그런데 '글'이라는 것은 단어가 모여 이루는 의미 단위이기 때문에 단어의 특성에 집중할 필요가 있습니다. 단어의 특성을 알지 못하면 엉뚱한 단어를 엉뚱한 곳에 배치하는 오류를 범할 수 있습니다. 단어 하나하나가 가지고 있는 고유한 성질을 잘 이해할 필요가 있다는 것입니다. 한국말을 모국어로 사용하는 사람은 단어를 몰라서 사용하지 못하는 경우는 거의 없을 겁니다. 웬만한 단어는 다 알고 있으니까요. 하지만 '그냥 단어를 안다는 것'과 '각 단어의 특성을 제대로 알고 있는 것'은 다릅니다. 단어의 특성은 문장 안에서 드러납니다. 그러니 단어의 특성을 제대로 익히고 싶다면 위대한 작가들이 쓴 작품을 읽으십시오. 특히 고전에 해당하는 책을 많이 읽는 것이 좋습니다. 고전이라고 불리는 작품은 그렇게 불릴 만한 이유가 있습니다. 그런 책을 저술한 저자들은 언어를 다룰 줄 아는 천재적인 감각과 영감(inspiration)을 모두 소유한 사람들입니다. 그들은 단어를 어떻게 조합해야 저자 자신이 말하고자 하는 바를 가장 효과적으로 전달할 수 있는지 알고 있습니다. 그들도 하루아침에 그러한 능력을 갖게 되지는 않았을 겁니다. 오랜 시간에 걸쳐 연습하고 노력한 결과가 작품으로 나타난 것이지요.

당신의 글쓰기 실력은 당신의 시간을 얼마나 글쓰기에 투자했느냐에 비례해서 나타날 것입니다. 저글링(juggling) 묘기를 하는 서커스 단원이 그런 묘기를 선보이기 위해 얼마나 연습했을까요? 수백, 아니 수천 번 연습하지 않았을까요? 볼, 클럽, 링 등을 자유자재로 장난감 다루듯이 가지고 놀지 않나요? 글쓰기는 단어를 자유자재로 다루는 게임입니다. 당신이 알고 있는 단어가 뇌 속에서 춤추게 하십시오. 어떤 단어든 끄집어내어 멋진 문장을 만들어내려면 수없이 연습해야 합니다. 어려운 단어를 사용하지 않아도 됩니다. 당신이 평소에 구어체로 사용하는 단어만 가지고도 글쓰기 실력만 갖춘다면 노벨상을 탈 수 있는 위대한 작품도 써낼 수 있습니다.

대치연습입니다. 세 개를 모두 채울 필요는 없습니다. 생각나는 대로 써 보세요.

[예문] 예슬 양의 편지가 도착해서 그동안의 의문에 종지부를 찍었다.

❶

❷

❸

☞ 제가 대치연습한 문장을 볼까요? 이것이 정답은 아닙니다. 참고만 하세요.

❶ 예슬 양의 편지가 도착했다. <u>이로써 그동안 품어왔던 의심이 사라졌다</u>.

❷ 그동안의 <u>의문이 사라진 건</u> 예슬 양이 쓴 <u>편지가 도착했기 때문이다</u>.

❸ 예슬 양이 쓴 편지가 <u>도착함으로써</u> 그동안 가져왔던 <u>의문이 해소되었다</u>.

❹ 예슬 양이 쓴 편지가 도착한 건 그동안의 <u>의문에 종지부를 찍기에 충분한 사건이었</u>
<u>다</u>.

대치연습입니다. 세 개를 모두 채울 필요는 없습니다. 생각나는 대로 써 보세요.

[예문] 병철은 은혜가 주는 배낭을 메고 휘파람을 불며 별관을 향해 걸어갔다.

❶

❷

❸

☞ 제가 대치연습한 문장을 볼까요? 이것이 정답은 아닙니다. 참고만 하세요.

❶ <u>휘파람을 불며 별관을 향해 걸어가는 병철</u>의 어깨엔 은혜가 건네준 배낭이 메어져 있었다.

❷ 은혜는 병철에게 배낭을 <u>건네주었다</u>. 병철은 그것을 메고 휘파람을 불며 별관으로 걸어갔다.

❸ 은혜가 건네주는 배낭을 메고 병철은 <u>별관을 향해 걸어가며 휘파람을 불었다</u>.

대치연습입니다. 세 개를 모두 채울 필요는 없습니다. 생각나는 대로 써 보세요.

[예문] 아영은 소모적 논쟁을 마무리 짓고 가해자와 피해자가 합의하는데 결정적 역할을 했다.

❶

❷

❸

☞ 제가 대치연습한 문장을 볼까요? 이것이 정답은 아닙니다. 참고만 하세요.

❶ 소모적 논쟁을 끝내고 가해자와 피해자가 합의한 데는 <u>아영의 역할이 결정적이었다.</u>
❷ 가해자와 피해자가 합의했다. <u>여기에 아영이 결정적 역할을 했다.</u>
❸ 아영은 가해자와 피해자가 합의하며 <u>소모적 논쟁을 그치도록 하는데</u> 결정적인 역할을 했다.

대치연습입니다. 세 개를 모두 채울 필요는 없습니다. 생각나는 대로 써 보세요.

[예문] 계절의 여왕 5월이 지나가고 이른바 바캉스의 계절 8월의 가운데에 서 있다.

❶

❷

❸

☞ 제가 대치연습한 문장을 볼까요? 이것이 정답은 아닙니다. 참고만 하세요.

❶ <u>5월을 계절의 여왕이라고 한다</u>. 그 좋은 시절이 지나고 이제 바캉스의 계절인 <u>8월의 중간에 서 있다</u>.

❷ 계절 중 으뜸인 5월은 어느덧 지나가고 뜨거운 태양과 휴가의 계절 8월이 <u>우리에게 찾아왔다</u>.

❸ 계절 중 여왕이라 할 5월의 찬란함이 <u>우리 앞에서 물러났다</u>. 이제 바캉스의 계절 <u>8월이 우리 앞에 왔다</u>.

대치연습입니다. 여기서는 빈 칸 채우기 연습을 해보겠습니다. 방식은 좀 다르지만 문장을 만드는 원리는 똑같습니다.

[예문] 소련의 생물학자 류비셰프는 나비 날개에 새겨진 온갖 무늬를 연구하는 학자였다.

❶ 소련의 류비셰프라는 생물학자는 나비를 연구했는데 특히
(_____)였다.

❷ 나비를 연구하며 특별히
(_____)가 소련의 류비셰프였다.

❸ 나비 날개의 무늬를 집중적으로 연구하는
(_____)이 있었다.

☞ 제가 대치연습한 문장을 볼까요? 이것이 정답은 아닙니다. 참고만 하세요.

❶ 소련의 류비셰프라는 생물학자는 <u>나비를 연구했는데</u> 특히 <u>나비 날개에 나타나 있는 무늬를 탐구하는 학자</u>였다.

❷ 나비를 연구하며 특별히 <u>날개에 새겨진 온갖 무늬를 분석한 학자</u>가 소련의 류비셰프였다.

❸ 나비 날개의 무늬를 집중적으로 연구하는 <u>소련 생물학자 류비셰프라는 사람</u>이 있었다.

대치연습입니다. 여기서는 빈 칸 채우기 연습을 해보겠습니다. 방식은 좀 다르지만 문장을 만드는 원리는 똑같습니다.

[예문] 워즈의 천재성을 사업으로 연결한 인물은 바로 잡스였다.

❶ 잡스가 (_____) 그것을 사업으로 연결했다.

❷ 워즈는 천재성을 갖고 있었다. (_____) 다름 아닌 잡스였다.

❸ 잡스가 알아차린 것은 (_____). 그리고 그것을 사업으로 연결한 사람은 잡스였다.

☞ 제가 대치연습한 문장을 볼까요? 이것이 정답은 아닙니다. 참고만 하세요.

❶ 잡스가 <u>워즈의 천재성을 알아차렸고</u> 그것을 사업으로 연결했다.
❷ 워즈는 천재성을 갖고 있었다. <u>그것을 사업화한 것은</u> 다름 아닌 잡스였다.
❸ 잡스가 알아차린 것은 <u>워즈의 천재성이었다</u>. 그리고 그것을 사업으로 연결한 사람은 잡스였다.

대치연습입니다. 세 개를 모두 채울 필요는 없습니다. 생각나는 대로 써 보세요.

[예문] 그날 행사장을 돌아보면서 기찬은 태욱이 한 말이 옳았음을 절감했다.

❶

❷

❸

☞ 제가 대치연습한 문장을 볼까요? 이것이 정답은 아닙니다. 참고만 하세요.

❶ 기찬은 행사장을 돌아보았다. 태욱이 한 말이 떠올랐고 <u>그 말이 거짓이 아니라는 것을 깨닫게 됐다.</u>

❷ 그날 행사장을 돌아본 기찬은 태욱이 한 말이 옳았다는 것을 <u>인정하지 않을 수 없었다.</u>

❸ 기찬은 <u>행사장을 돌아보면서 생각했다.</u> 태욱이 한 말이 <u>빈 말이 아니었음을 인정할 수밖에 없었다.</u>

대치연습입니다. 세 개를 모두 채울 필요는 없습니다. 생각나는 대로 써 보세요.

[예문] 이런 어중간한 기다림 때문에 초조하고 고통스럽기는 혜원보다 영희가 훨씬 더
했다.

❶

❷

❸

☞ 제가 대치연습한 문장을 볼까요? 이것이 정답은 아닙니다. 참고만 하세요.

❶ 영희가 혜원보다 <u>훨씬 더 초조하고 고통스러웠다</u>. 이런 어중간한 기다림이 고통을
<u>가중시켰다</u>.

❷ 이렇게 어중간하게 <u>기다린다는 것</u>이 혜원보다 영희를 훨씬 더 <u>초조하고 고통스럽게
만들었다</u>.

❸ 이런 어중간한 기다림이 <u>초조하고 고통스럽게 만들었다</u>. 그것은 혜원보다 영희가 훨
<u>씬 더 심했다</u>.

대치연습입니다. 세 개를 모두 채울 필요는 없습니다. 생각나는 대로 써 보세요.

[예문] 그때의 애달픔을 떨쳐버리고 승리의 환희를 만끽하기 위해서라도 더 큰 이벤트가 필요했다.

❶

❷

❸

☞ 제가 대치연습한 문장을 볼까요? 이것이 정답은 아닙니다. 참고만 하세요.

❶ 그 당시 겪었던 <u>설움을 극복하고</u>, 승리했다는 기쁨을 누리기 위해서라도 뭔가 더 <u>환상적인 자축 행사</u>가 필요했다.

❷ 그때의 애달픔을 뒤로 하고, <u>새로 맞이한 승리를 자축하기 위해서라도</u> 더 큰 <u>위로 행사가 절실했다</u>.

❸ 더 큰 이벤트를 하지 않을 수 없었던 것에는, <u>그때의 애달픔을 떨쳐버리고 싶고 새로 다가온 승리를 만끽하고 싶다는 생각이 크게 작용했다</u>.

대치연습입니다. 세 개를 모두 채울 필요는 없습니다. 생각나는 대로 써 보세요.

[예문] 낮이 짧아지며 오후가 되면 금방 어두워져 마음이 무거워지곤 했다.

❶

❷

❸

☞ 제가 대치연습한 문장을 볼까요? 이것이 정답은 아닙니다. 참고만 하세요.

❶ 해가 점점 짧아지면서 <u>빛은 점차 빨리 사라졌다</u>. 그래서 <u>오후가 되면 마음이 무거워</u> <u>지곤 했다</u>.

❷ 오후가 되면 금방 어두워졌다. 해가 점점 짧아져 <u>어두워지기 시작하면 마음도 무거</u> <u>워졌다</u>.

❸ 오후가 되면서 어두워지면 마음이 무거워지곤 했다. 해가 점점 짧아지면서 <u>빛줄기가</u> <u>점차 빨리 사라졌기 때문이다</u>.

대치연습입니다. 세 개를 모두 채울 필요는 없습니다. 생각나는 대로 써 보세요.

[예문] 차 안은 금세 노래방이 되었고, 운전하는 나는 흐뭇한 마음으로 노래 가사를 음미해보았다.

❶

❷

❸

☞ 제가 대치연습한 문장을 볼까요? 이것이 정답은 아닙니다. 참고만 하세요.

❶ 차 안에 탄 사람들은 <u>신나게 노래를 불렀다</u>. 그걸 들으며 운전하던 나도 <u>노래 가사를 생각해보았다</u>.

❷ 난 운전만 하고 있었지만 그 차 안에 탄 사람들이 <u>신나게 노래를 부르는 바람에</u> 노래 가사에 대해서도 생각해보았다.

❸ <u>차 내부는 금세 노래방이 되었다</u>. 사람들이 노래를 불렀다. 운전하며 그들이 하는 노래의 가사를 음미해보았다.

대치연습입니다. 세 개를 모두 채울 필요는 없습니다. 생각나는 대로 써 보세요.

[예문] 흔히 여행에 비유되는 인생의 행로는 그리 순탄치 만은 않은 것이 분명하다.

❶

❷

❸

☞ 제가 대치연습한 문장을 볼까요? 이것이 정답은 아닙니다. 참고만 하세요.

❶ 흔히 인생을 <u>여행에 비유하곤 한다</u>. 그런데 그 인생의 행로라는 것이 <u>그리 녹록지</u> <u>않은 것 같다</u>.
❷ 인생은 <u>여행과도 같다고 하는데</u>, 그 인생길이 <u>순탄해보이지만은 않는다</u>.
❸ 인생을 <u>여행에 비유하기도 하는데</u>, 그 인생이라는 여행이 그리 <u>쉬워 보이지 않는 것</u> <u>은 분명하다</u>.

대치연습입니다. 세 개를 모두 채울 필요는 없습니다. 생각나는 대로 써 보세요.

[예문] 수지를 기쁘게 한 것은 진욱을 비롯한 몇몇 친구들이 수지의 편을 들어주었다는
     것이다.

❶

❷

❸

☞ 제가 대치연습한 문장을 볼까요? 이것이 정답은 아닙니다. 참고만 하세요.

❶ <u>자기 편을 들어주었던</u> 진욱과 몇몇 친구들이 있어서 수지는 기뻤다.

❷ 진욱과 몇몇 친구들이 수지의 편을 들었다. <u>그것이 그녀를 기쁘게 했다.</u>

❸ <u>수지는 기뻤다.</u> 진욱과 몇몇 친구들이 그녀의 편을 들어주었기 때문이다.

대치연습입니다. 세 개를 모두 채울 필요는 없습니다. 생각나는 대로 써 보세요.

[예문] 희남은 예산 통과를 위해 싸우느라 의료보험 개혁이 물 건너갈까 봐 우려했다.

❶

❷

❸

☞ 제가 대치연습한 문장을 볼까요? 이것이 정답은 아닙니다. 참고만 하세요.

❶ 희남은 예산 통과를 위해 전력투구하다가 의료보험 개혁이 <u>뒷전으로 밀릴까</u> 걱정했다.

❷ 희남은 예산 통과에 집착한 나머지 정작 <u>의료보험 개혁을 하지 못하게 될까봐</u> 걱정했다.

❸ 희남이 우려했던 것은, 예산 통과를 위해 분투하다정작 의료보험 개혁을 <u>못하게 되지 않을까</u> 하는 문제였다.

Pattern 2

긴 문장 대치연습 (중급)

이제 더 긴 문장에 도전해볼까요? 세 개를 모두 채울 필요는 없습니다. 생각나는 대로 써 보세요.

[예문] 학교 운동장에 스케이트장을 만든다는 계획을 누가 세웠는지는 모르겠으나 그해 겨울에 우리 학교의 운동장은 스케이트장이 되었다.

❶

❷

❸

☞ 제가 대치연습한 문장을 볼까요? 이것이 정답은 아닙니다. 참고만 하세요.

❶ 그해 겨울에 우리 학교의 운동장이 스케이트장으로 <u>변했다는 사실을 알게 되었다</u>. 이런 계획을 누가 세웠을까? <u>알다가도 모를 일이다</u>.
❷ 스케이트장은 <u>논에 물을 채워 얼리는 것이라고만 알았지</u>, 우리 학교 운동장이 스케이트장으로 변할 줄은 꿈에도 몰랐다.
❸ 우리 학교 운동장이 어느 날 스케이트장으로 변해 있었다. <u>누가 이런 걸 계획했는지 모르겠지만 신기했다</u>.

좀 긴 문장입니다. 빈 칸을 모두 채울 필요는 없습니다. 생각나는 대로 써 보세요.

[예문] 등산을 즐기기 위해 산에 오른다면 여행 내내 즐거웠겠으나 이건 순전히 목적 달성을 위한 강행군이었으니 즐긴다는 말은 이 상황과 전혀 어울리지 않았다.

❶

❷

☞ 제가 대치연습한 문장을 볼까요? 이것이 정답은 아닙니다. 참고만 하세요.

❶ 등산을 즐기기 위해서 산에 올랐다면 <u>얼마나 좋았으랴만</u> 이번엔 과업을 수행하기 위해 오른 것이기에 내내 <u>즐겁지만은 않았다.</u>

❷ 뭔가를 꼭 해야 한다는 <u>부담감을 안고 일을 하는 것은 즐거울 리가 없다.</u> 이번 산행이 그랬다. 등산을 즐긴 게 아니라 목적 달성을 위한 강행군이었다.

❸ 등산은 즐거워야 하는데 <u>즐겁지가 않았다.</u> 놀러 간 것이 아니라 과업을 수행하기 위<u>해</u> 산에 올랐기 때문이다.

긴 문장에도 익숙해지셔야 합니다. 빈 칸을 모두 채울 필요는 없습니다. 생각나는 대로 써 보세요.

[예문] 나는 항변하고 싶었으나 이 비슷한 일이 전에도 있었기에 그냥 내려갈 수 있는 데까지 내려가자는 심사로 뒤따라 내려갔다.

❶

❷

❸

☞ 제가 대치연습한 문장을 볼까요? 이것이 정답은 아닙니다. 참고만 하세요.

❶ <u>거부하고 싶었다</u>. 그러나 이와 비슷한 일을 전에도 겪었기에 그냥 갈 수 있는 데까지 가보자는 심정으로 뒤를 따랐다.

❷ 그냥 <u>체념한 채 그 뒤를 따라 내려갔다</u>. <u>내키지는 않았지만</u> 전에도 이와 비슷한 일이 있었기 때문이다.

❸ 내가 <u>항변해봐야 무슨 소용이 있겠나 싶었다</u>. 전에도 이런 경우와 비슷한 일이 있었기 때문에 묵묵히 그냥 내려갈 수 있는 데까지 내려가자는 <u>생각으로</u> 뒤따랐다.

대치연습입니다. 세 개를 모두 채울 필요는 없습니다. 생각나는 대로 써 보세요.

[예문] 영수가 포토라인에 섰을 때 사람들이 모두 그를 쳐다보았는데 그는 조금도 동요
하지 않았다.

❶

❷

❸

☞ 제가 대치연습한 문장을 볼까요? 이것이 정답은 아닙니다. 참고만 하세요.

❶ 포토라인에 선 영수를 <u>사람들 모두 주시했지만</u> 그는 전혀 <u>흔들림이 없었다</u>.
❷ <u>영수가 포토라인에 섰다</u>. 모든 사람들의 시선이 그에게 집중되었지만 그는 <u>아랑곳하
지 않았다</u>.
❸ 사람들이 모두 <u>포토라인에 선 영수를 쳐다보았지만</u> 그는 태연했다.

대치연습입니다. 세 개를 모두 채울 필요는 없습니다. 생각나는 대로 써 보세요.

[예문] 겨울이라 방안 공기가 건조했지만, 또 일어나 가습기를 켜기엔 몸이 너무 지쳐
　　　 있었다.

❶

❷

❸

☞ 제가 대치연습한 문장을 볼까요? 이것이 정답은 아닙니다. 참고만 하세요.

❶ 겨울 날씨인 까닭에 방 안 공기는 건조했다. 그러나 또 일어나서 가습기를 켜자니
　 몸이 너무 지쳐 있었다.

❷ 겨울인 터에 방 안의 공기는 건조했다. 하지만 몸이 너무 지쳐 있어서 또 일어나
　 가습기를 켤 수는 없었다.

❸ 방 안 공기는 겨울이라 건조했지만, 피곤해서 또 일어나 가습기를 켤 수는 없었다.

대치연습입니다. 세 개를 모두 채울 필요는 없습니다. 생각나는 대로 써 보세요.

[예문] 김대표는 필요한 사람이라고 생각하면 어떤 방법을 동원해서라도 자기 사람으로 만드는 용병술이 탁월하다.

❶

❷

❸

☞ 제가 대치연습한 문장을 볼까요? 이것이 정답은 아닙니다. 참고만 하세요.

❶ <u>자기에게 필요한 사람이라는 생각이 들면</u> 김대표는 온갖 방법으로 그 사람을 자기 편으로 삼는 뛰어난 용병술을 가졌다.

❷ <u>김대표의 용병술은 뛰어나다.</u> 본인에게 필요한 사람이라고 판단하면 어떤 방법으로라도 <u>자기 편으로 만든다.</u>

❸ 김대표는 <u>뛰어난 용병술을 가진 사람이라</u> 누구든 자기에게 필요한 사람이라고 판단하면 어떻게든 <u>자기 사람으로 만든다.</u>

대치연습입니다. 세 개를 모두 채울 필요는 없습니다. 생각나는 대로 써 보세요.

[예문] 눈이 내리던 어느 날 저녁, 우리가 벽난로 앞에서 뜨개질을 하는데 경훈이 내 쪽으로 고개를 돌리고 한동안 나를 바라보았다.

❶

❷

❸

☞ 제가 대치연습한 문장을 볼까요? 이것이 정답은 아닙니다. 참고만 하세요.

❶ 눈 내리던 저녁, 벽난로 앞에서 우리가 뜨개질을 하고 있을 때 경훈은 <u>나를 향해 고개를 돌리고 한동안 바라보았다.</u>

❷ 눈 내리던 날 저녁, 벽난로 앞에서 우리가 뜨개질할 때 경훈은 고개를 내 쪽으로 돌렸다. <u>그리곤 한동안 나를 바라보았다.</u>

❸ <u>눈이 내리던 어느 날 저녁이었다.</u> 경훈이 내 쪽으로 고개를 돌리고 나를 바라본 것은 우리가 <u>벽난로 앞에서 뜨개질을 하고 있을 때였다.</u>

대치연습입니다. 세 개를 모두 채울 필요는 없습니다. 생각나는 대로 써 보세요.

[예문] 그 집은 주택가에 있었는데 대지가 넓고 멋스러우며, 집안의 분위기도 매우 온화하고 정감이 넘쳐흘렀다.

❶

❷

❸

☞ 제가 대치연습한 문장을 볼까요? 이것이 정답은 아닙니다. 참고만 하세요.

❶ <u>주택가에 위치한 그 집은</u> 겉에서 보기에도 넓고 멋스럽고, 집안에서 <u>뿜어져 나오는 기운도</u> 온화하고 부드러워 <u>정이 갈 만했다.</u>

❷ 그 집은 <u>대지가 넓었다.</u> 주택가에 있으면서 <u>겉으로 비친 모습도</u> 멋스러워보였다. 당연히 집안 분위기도 온화했고 <u>정감이 갔다.</u>

❸ <u>겉으로 보기에도 넓은</u> 그 집은 <u>주택가에 위치하고 있었으며,</u> 집안에서 흘러나오는 기운도 밝고 정감이 넘쳐흘렀다.

대치연습입니다. 세 개를 모두 채울 필요는 없습니다. 생각나는 대로 써 보세요.

[예문] 그가 영화에서 보여주는 첫 인상은 너무나 강렬해서 영화를 다 보고 난 후 오랜
     시간이 지나도 머릿속에서 떠나지 않았다.

❶

❷

❸

☞ 제가 대치연습한 문장을 볼까요? 이것이 정답은 아닙니다. 참고만 하세요.

❶ 그가 영화에서 보여준 장면이 <u>머리에서 오래도록 떠나지 않았다</u>. 첫 인상이 워낙 강
  <u>렬했기 때문일까?</u>
❷ 그 영화에서 그의 첫 인상은 <u>매우 독특했다</u>. 그에게서 받은 강렬한 인상이 오랜 시간
  이 지나도 <u>지워지지 않았다</u>.
❸ 시간이 많이 지나도 그 영화에서 보여준 그에 대한 인상은 <u>가시지 않았다</u>.

대치연습입니다. 세 개를 모두 채울 필요는 없습니다. 생각나는 대로 써 보세요.

[예문] 우주에 대한 전문 지식이 없는 관객들도 은하계 밖의 세계를 미루어 짐작할 수 있게 해주는 다양한 영화적 시도가 탁월했다고 생각한다.

❶

❷

❸

☞ 제가 대치연습한 문장을 볼까요? 이것이 정답은 아닙니다. 참고만 하세요.

❶ 우주에 대해 접해본 지식이 없는 사람들도 그 영화를 보면 은하계 밖의 세계를 짐작할 수 있도록 꾸몄다고 생각한다. <u>그 시도가 참 좋았다.</u>

❷ 그 영화를 보면 우주에 대해 <u>문외한인 관객들도 은하계 밖을 상상할 수 있도록</u> 영화적 표현을 잘했다는 생각이 든다.

❸ 우주에 대해 모르는 일반인들 역시 이 영화를 보면 은하계 밖의 세계를 <u>그려볼 수 있도록 하는</u> 영화적 시도가 절묘했다고 생각한다.

대치연습입니다. 세 개를 모두 채울 필요는 없습니다. 생각나는 대로 써 보세요.

[예문] 세상에서 일어나는 많고 많은 일들 중에 인간관계만큼 중요하고 결정적인 일이
또 있을까?

❶

❷

❸

☞ 제가 대치연습한 문장을 볼까요? 이것이 정답은 아닙니다. 참고만 하세요.

❶ 세상에선 <u>참 많은 일들이</u> 일어난다. 그 많은 일들 가운데 인간관계만큼 중요한 일이
있을까?

❷ <u>참으로 많은 일들이 세상에서 일어나지만</u> 인간관계만큼 <u>값어치 있고</u> 사람 사이에
<u>심대한 영향을 미치는</u> 일이 또 있을까?

❸ 인간관계가 <u>세상 모든 일 가운데 가장</u> 중요하고 결정적인 일일 것이다.

대치연습입니다. 세 개를 모두 채울 필요는 없습니다. 생각나는 대로 써 보세요.

[예문] 인간이 사회를 만들었으나, 사회는 다시 인간을 지배해 버리는 분통터지는 현실
이 못내 야속하다.

❶

❷

❸

☞ 제가 대치연습한 문장을 볼까요? 이것이 정답은 아닙니다. 참고만 하세요.

❶ 사회라는 것을 인간이 만들었지만, 사회가 다시 <u>인간을 좌지우지해버리는 작금의 현</u>
<u>실이</u> 우리를 답답하게 만든다.

❷ 인간이 스스로 조직한 사회라는 틀이 결국은 <u>다시 인간을 옥죄는 아이러니가</u> 우리를
더욱 힘들게 한다.

❸ 인간이 사회를 조직했으나, 반대로 사회는 <u>인간을 지배해버리는 현상이 나타났다.</u>
<u>어찌 아니 슬프겠는가.</u>

대치연습입니다. 세 개를 모두 채울 필요는 없습니다. 생각나는 대로 써 보세요.

[예문] 명절 연휴로 인파가 빠져나가 텅 빈 거리를 바라보는 듯한 심경으로 자아 내부로 깊숙이 침잠해본다.

❶

❷

❸

☞ 제가 대치연습한 문장을 볼까요? 이것이 정답은 아닙니다. 참고만 하세요.

❶ 명절 연휴에는 도심이 한산해진다. 마치 <u>한산해진 도심을 바라보는 것 같은 심정이 되어</u> 나 자신에 대해 생각해본다.

❷ 나 자신에 대한 생각을 깊이 있게 해본다. 그 마음의 상태는 마치 <u>명절 연휴에 도심을 빠져나간 인파로 인해 휑해진 거리를 바라보는</u> 듯하다.

❸ 명절 연휴가 되면 도심에서 <u>인파가 빠져나간다</u>. 마치 <u>그러한 심경이 되어</u> 나 자신을 바라본다.

대치연습입니다. 두 개를 모두 채울 필요는 없습니다. 생각나는 대로 써 보세요.

[예문] 축복 받은 대지 위에 붉게 타오르는 태양이 그 모습을 드러낼 때, 우리의 지각은
비로소 대자연의 질서 속에 갇혀 있음을 깨닫게 된다.

❶

❷

☞ 제가 대치연습한 문장을 볼까요? 이것이 정답은 아닙니다. 참고만 하세요.

❶ 태양이 대지 위에 그 모습을 드러내면 깨닫게 된다. 그동안 자랑해왔던 <u>우리의 지각</u>
<u>이라는 것이</u> 대자연의 질서 속에 갇혀있는 <u>보잘 것 없는 존재라는 것을</u>.
❷ <u>작열하는 태양이 지평선 위로 떠오르며 그 위용을 자랑할 때,</u> 우리는 그간 한낱 한
<u>줌도 안 되는 우리의 지각을</u> 자랑하며 살아왔다는 것을 알게 된다.
❸ 사람들은 <u>스스로 지각이 있다</u> 하나, 축복 받은 대지 위에 찬란한 태양이 떠오르는 것
을 볼 때, 그 모든 것이 대자연의 질서 안에서 <u>운행된 것뿐이라는 사실을</u> 알게 된다.

대치연습입니다. 세 개를 모두 채울 필요는 없습니다. 생각나는 대로 써 보세요.

[예문] 그가 즉각 봉주 씨한테 자기 딸들이 산책하는데 동행해달라고 정중하게 청한 것
은 바로 그런 이유에서였다.

❶

❷

❸

☞ 제가 대치연습한 문장을 볼까요? 이것이 정답은 아닙니다. 참고만 하세요.

❶ 그는 즉각 <u>봉주 씨에게 요청했다</u>. 자기 딸들이 산책하는데 동행해달라고 <u>정중하게</u>
<u>말한 것은</u> 바로 그런 이유 때문이었다.

❷ <u>자기 딸들이 산책하는데 동행해달라고</u> 즉각 봉주 씨에게 요청했다. 그것은 바로 그
런 이유 때문이었다.

❸ <u>그런 이유가 있었다</u>. 그가 즉각 자기 딸들이 산책하는데 봉주 씨에게 동행해달라고
한 것이 <u>그 이유였다</u>.

Pattern2 긴 문장 대치연습(중급) 63

대치연습입니다. 세 개를 모두 채울 필요는 없습니다. 생각나는 대로 써 보세요.

[예문] 윤주는 그 두 사람이 시선을 마주친 순간 우연히 그들의 표정을 목격하고서 대단히 놀랐다.

❶

❷

❸

☞ 제가 대치연습한 문장을 볼까요? 이것이 정답은 아닙니다. 참고만 하세요.

❶ 그 두 사람이 <u>시선을 마주치는 걸 윤주는</u> 보게 됐다. 그 순간 우연히도 <u>그들의 표정</u><u>을 확인하고는</u> 매우 놀랐다.

❷ 윤주가 그 두 사람의 시선이 마주치는 걸 목격했다. 그 순간 그들의 <u>표정을 보고</u> <u>놀라지 않을 수 없었다</u>.

❸ 윤주는 그들의 표정을 보고서 <u>매우 놀랐다</u>. 그것은 그 <u>두 사람의 시선이 마주친 순간</u> <u>나타난 표정 때문이다</u>.

대치연습입니다. 세 개를 모두 채울 필요는 없습니다. 생각나는 대로 써 보세요.

[예문] 그녀는 다시 자리에 앉아 속상함과 우스움 사이를 오락가락하는 마음을 감추기 위해 뜨개질을 계속했다.

❶

❷

❸

☞ 제가 대치연습한 문장을 볼까요? 이것이 정답은 아닙니다. 참고만 하세요.

❶ 그녀가 다시 자리에 앉아 <u>뜨개질을 계속한 건</u> 속상함과 우스움이 교차하는 <u>미묘한 심경의 변화를 감추기 위해서였다.</u>

❷ 그녀는 다시 자리에 앉아서 <u>뜨개질을 계속했다.</u> 속상하기도 하고 우습기도 한 마음이 교차하는 것을 <u>드러내지 않기 위해서였다.</u>

❸ 속상함과 우스움이 교차했다. <u>그 마음을 감추기 위해</u> 다시 자리에 앉아 뜨개질을 계속했다.

대치연습입니다. 세 개를 모두 채울 필요는 없습니다. 생각나는 대로 써 보세요.

[예문] 그녀는 남편에 대한 실망에도 불구하고, 자기주장을 관철시키는 것을 완전히 포기하지는 않았다.

❶

❷

❸

☞ 제가 대치연습한 문장을 볼까요? 이것이 정답은 아닙니다. 참고만 하세요.

❶ 그녀는 남편에 대해 실망했지만 그렇다고 해서 자기주장마저 <u>할 수 없다고 뒤로 물러나지는 않았다</u>.

❷ <u>남편에 대해 실망한 그녀였지만</u>, 자기가 생각하는 바를 관철시키는 것까지 포기하지는 않았다.

❸ 그녀가 남편에 대해 <u>실망한 것은 사실이지만</u>, <u>주장할 것은 주장했다</u>.

대치연습입니다. 두 개를 모두 채울 필요는 없습니다. 생각나는 대로 써 보세요.

[예문] 어머니를 설득하거나 달래려는 어떤 시도도 화만 돋울 뿐이라는 걸 잘 알기 때문에 딸들은 그녀의 이런 넋두리를 아무 말 없이 듣고만 있었다.

❶

❷

☞ 제가 대치연습한 문장을 볼까요? 이것이 정답은 아닙니다. 참고만 하세요.

❶ 어머니를 설득하거나 달래려고 해봤자 통하지 않는다는 것을 딸들은 잘 알았기에 그녀가 넋두리할 때 그저 아무 말 없이 듣고만 있었다.

❷ 어머니의 이런 넋두리를 딸들은 묵묵히 듣고만 있었다. 그녀를 설득하려거나 달래려 해도 도리어 화만 낼 뿐이라는 걸 잘 알고 있었기 때문이다.

❸ 어머니를 설득하거나 달래려고 해본들 소용이 없고 오히려 화만 돋운다는 걸 딸들은 잘 알고 있었다. 그러니 그녀의 넋두리를 조용히 듣고 있는 일밖에 할 것이 없었다.

잠시 머리를 식히고 가겠습니다. 글쓰기에 도움 되는 팁(tip)을 소개합니다.

[Tip4]

아래의 두 문장을 비교해보세요.

[예문1] 난 그 친구를 믿기가 <u>힘들어</u>.
[예문2] 난 그 친구를 믿기가 <u>어려워</u>.

이 두 문장은 어떤 차이가 있을까요? 완전히 같은 문장인가요? 아니면 비슷한 문장인가요? 다른 문장인가요? 이 질문을 하는 이유는 뉘앙스의 차이를 간파(看破)하시라는 겁니다. [예문1]은 문법상 오류가 없다 해도 표현상에는 문제가 있다고 봅니다. 원래 '힘들다'는 말은 '힘이 쓰이는 면이 있다'는 의미인데, '힘'을 '에너지'로 바꾸어 본다면 [예문1]은 좀 이상한 문장이 됩니다. '믿기가 힘들다'는 표현은 '믿는 데 힘이 든다' 내지 '믿는 데 에너지가 소요된다'라는 의미로 다가올 수도 있습니다. 믿는 데 에너지가 쓰이는 건 아니지요. 우리가 습관적으로 사용하는 말 중에는 이와 같이 논리상 맞지 않거나 모순인 문장들이 많습니다. 그냥 습관적으로 사용하니까 맞는 말인 것 같지만 잘 따져보면 말도 안 되는 문장들이 많다는 겁니다.

다른 예를 하나 더 들어볼까요? 식당이나 극장에 가서 빈 자리를 찾다가 자리 하나를 발견하면 이렇게 물어봅니다. "자리 있나요?"라고 말이죠. 자리는 물론 있지요. 주인이 있느냐 없느냐가 중요한 것이지요. 이 질문은 차라리 "주인 있나요?"라고 물어야 옳지 않을까요? 이렇게 무의식적으로 사용하는 말들을 다시 한 번 곱씹어보며 언어에 민감해지는 훈련을 하는 것이 좋습니다.

대치연습입니다. 두 개를 모두 채울 필요는 없습니다. 생각나는 대로 써 보세요.

[예문] 궁정 신하의 정중한 태도가 몸에 배었기에 망정이지 보통 사람이라면 그런 대접
    에 화를 내지 않기가 불가능했을 것이다.

❶

❷

☞ 제가 대치연습한 문장을 볼까요? 이것이 정답은 아닙니다. 참고만 하세요.

❶ 몸에 밴 궁정 신하의 정중한 태도가 그로 하여금 그런 대접에도 화를 내지 않도록
막아주었다.

❷ 그가 화를 내지 않은 것은 궁정 신하의 정중한 태도가 몸에 배어 있었기 때문이다.
보통 사람이라면 발끈하고 화를 냈을 것이다.

❸ 정중한 태도가 몸에 밴 궁정 신하였으니 망정이지 보통 사람이라면 화를 내지 않고
그런 대접을 참을 수는 없었을 것이다.

대치연습입니다. 세 개를 모두 채울 필요는 없습니다. 생각나는 대로 써 보세요.

[예문] 지혜는 명수에게 일찌감치 답장을 보내고 다시 답장이 올 날을 손꼽아 기다리고 있었다.

❶

❷

❸

☞ 제가 대치연습한 문장을 볼까요? 이것이 정답은 아닙니다. 참고만 하세요.

❶ 명수에게 일찌감치 답장을 보낸 지혜는 그로부터 답장이 오기만을 기다리고 또 기다렸다.

❷ 지혜는 명수에게 일찌감치 답장을 보내고는 그로부터 받을 답장을 학수고대하며 기다리고 있었다.

❸ 일찌감치 명수에게 답장을 보낸 지혜는 그로부터 다시 답장이 오기만 손꼽아 기다렸다.

대치연습입니다. 세 개를 모두 채울 필요는 없습니다. 생각나는 대로 써 보세요.

[예문] 이러한 삼촌의 격려 덕분에 도훈은 장애인이라는 이유로 하고 싶은 일을 하지 못할 수도 있다는 생각은 한 번도 해보지 않았다.

❶

❷

❸

☞ 제가 대치연습한 문장을 볼까요? 이것이 정답은 아닙니다. 참고만 하세요.

❶ 삼촌이 해준 격려가 도훈에게는 큰 힘이 되었다. 그것은 장애인이라는 이유로 도훈이 하고 싶은 일을 해내지 못할 것이라는 생각을 한 번도 하지 않게 했던 원동력이었다.

❷ 장애인이기 때문에 하고 싶은 일을 못한다는 생각을 도훈은 한 번도 하지 않았다. 삼촌의 격려 덕분이었다.

❸ 이러한 삼촌의 격려가 있었기에 장애인이라는 이유로 도훈이 하고 싶은 일을 못할 수도 있다는 생각은 한 번도 하지 않았다.

대치연습입니다. 세 개를 모두 채울 필요는 없습니다. 생각나는 대로 써 보세요.

[예문] 한국사회에서 세계로 눈을 돌리게 된 것은 재환의 인생에 중요한 전환점이 되었다.

❶

❷

❸

☞ 제가 대치연습한 문장을 볼까요? 이것이 정답은 아닙니다. 참고만 하세요.

❶ 재환은 한국사회에서 세계로 눈을 <u>돌렸다</u>. 그것이 <u>그의 인생을 뒤바꿔놓은 중요한 계기가</u> 되었다.

❷ 재환이 한국사회에서 세계로 눈을 <u>돌림으로써</u> 그는 인생에서 중요한 <u>전환점에 서게 되었다</u>.

❸ 한국사회에서 세계로 눈을 <u>돌린 것이</u> 재환으로서는 <u>인생의 전환점을 맞이하게 된 중요한 계기로 작용했다</u>.

대치연습입니다. 세 개를 모두 채울 필요는 없습니다. 생각나는 대로 써 보세요.

[예문] 민수는 은희 안에 잠자고 있는 리더로서의 가능성을 발견하고 일찌감치 그 꿈을 믿어준 유일한 사람이었다.

❶

❷

❸

☞ 제가 대치연습한 문장을 볼까요? 이것이 정답은 아닙니다. 참고만 하세요.

❶ 민수는 <u>은희가 가지고 있는 리더 자질을</u> 일찌감치 발견하고 그녀의 꿈을 믿어준 한 사람이었다.

❷ 은희가 리더로서의 가능성을 갖고 있다는 것을 일찌감치 발견하고 믿어준 사람은 <u>민수뿐이었다</u>.

❸ 민수는 은희가 품고 있는 꿈을 믿어주었다. <u>그녀가 리더로서의 자질을 갖고 있다는 것을 발견했기 때문이다</u>.

대치연습입니다. 세 개를 모두 채울 필요는 없습니다. 생각나는 대로 써 보세요.

[예문] IT회사에 다니던 중 인경은 그녀의 직장을 자주 방문하던 서른 두 살의 멋진 청년을 알게 되었다.

❶

❷

❸

☞ 제가 대치연습한 문장을 볼까요? 이것이 정답은 아닙니다. 참고만 하세요.

❶ 그 청년은 인경이 다니는 IT회사에 자주 방문했다. 인경은 회사에 다닐 때 그 멋진 청년을 알게 되었다.

❷ 그녀의 직장에 자주 방문하던 청년이 있었다. 인경은 서른 두 살의 그 멋진 청년을 IT회사에 다닐 때 알게 되었다.

❸ IT회사에 다닐 때 인경은 서른 두 살의 멋있게 생긴 청년을 알게 되었다. 그는 그녀의 직장을 자주 방문하던 사람이었다.

대치연습입니다. 세 개를 모두 채울 필요는 없습니다. 생각나는 대로 써 보세요.

[예문] 형석은 전학한 고등학교에 처음으로 나간 날, 학교 분위기에 적응하는데 애를
먹었지만 곧 자기 페이스를 찾고 열정적으로 학교생활에 임했다.

❶

❷

❸

☞ 제가 대치연습한 문장을 볼까요? 이것이 정답은 아닙니다. 참고만 하세요.

❶ 형석은 전학한 고등학교에 처음 출석한 날엔 학교 분위기에 <u>적응하기가 쉽지 않았
다</u>. 하지만 <u>이내 평정심을 찾고</u> 학교생활에 열정적으로 임했다.

❷ 형석이 전학한 고등학교에 처음 간 날이었다. <u>학교 분위기가 낯설어</u> 처음엔 애를 먹
었지만 <u>곧 익숙해져서 학교생활을 열심히 하게 되었다.</u>

❸ 형석이 다른 고등학교에 전학해서 처음으로 출석한 날은 <u>분위기가 낯설어 애를 먹었
으나</u> 곧 자기 페이스를 찾고 학교생활에 열정적으로 임했다.

대치연습입니다. 세 개를 모두 채울 필요는 없습니다. 생각나는 대로 써 보세요.

[예문] 그는 옳다고 믿는 것에 대한 확실한 소신을 가지고 있었고, 언제 어디서나 자신
이 생각하고 있는 것을 밖으로 드러내기를 좋아했을 뿐이다.

❶

❷

❸

☞ 제가 대치연습한 문장을 볼까요? 이것이 정답은 아닙니다. 참고만 하세요.

❶ 자기가 옳다고 믿는 것에 대한 <u>확실한 소신을 가지고 있던 그였다</u>. 언제 어디서든
자신의 생각을 드러내놓고 말하길 좋아했을 따름이다.

❷ 그는 자신이 옳다고 믿는 것에는 확실한 소신이 있었고, 언제 어디서나 그것을 <u>드러</u>
<u>내길 꺼리지 않았다</u>.

❸ <u>언제 어디서나 자신의 생각을 드러내놓고 말하길 좋아했던 그는</u> 자신이 믿고 있는
것에 대해 <u>확실한 소신을 갖고 있었다</u>.

대치연습입니다. 세 개를 모두 채울 필요는 없습니다. 생각나는 대로 써 보세요.

[예문] 그에게 가장 큰 위안이 되는 것은 아들이 여름이면 다시 내려올 게 틀림없다는
   기대였다.

❶

❷

❸

☞ 제가 대치연습한 문장을 볼까요? 이것이 정답은 아닙니다. 참고만 하세요.

❶ 그가 <u>가장 큰 위안으로 삼은 것은</u> 아들이 여름엔 반드시 <u>다시 내려올 것이라는 기대</u>
였다.

❷ 여름이 되면 아들이 반드시 <u>다시 내려올 것이라는 기대</u>가 그에게는 <u>가장 큰 위안이</u>
<u>되었다.</u>

❸ 아들이 여름에 반드시 <u>다시 올 거라는 기대</u>는 그에게 <u>가장 큰 위안거리가 되었다.</u>

대치연습입니다. 세 개를 모두 채울 필요는 없습니다. 생각나는 대로 써 보세요.

[예문] 상민과의 만남은 최근 일어난 얄궂은 사건들로 인해 그 오지의 여러 식구들을 뒤덮게 한 침울함을 쫓아내는 데 중요한 기여를 했다.

❶

❷

❸

☞ 제가 대치연습한 문장을 볼까요? 이것이 정답은 아닙니다. 참고만 하세요.

❶ 최근에 일어난 불미한 사건들로 그 오지의 식구들이 침울해했지만 <u>상민을 만남으로</u> <u>그런 분위기가 많이 사라졌다.</u>

❷ 상민과의 만남을 가지고 난 후, 그 오지의 식구들은 <u>침울함으로부터 어느 정도 벗어</u> <u>날 수 있었다.</u>

❸ 그 오지의 여러 식구들에겐, 상민과 만난 것이 <u>분위기를 바꾸는데 결정적인 역할을</u> <u>했다.</u> 최근에 일어난 <u>얄궂은 사건들로 인한 침울함을 어느 정도 가시게 했다.</u>

대치연습입니다. 두 개를 모두 채울 필요는 없습니다. 생각나는 대로 써 보세요.

[예문] 그 조직을 장악하려는 태식의 욕구는 과거 윤석과 벌인 논쟁에서도 핵심 문제였다.

❶

❷

☞ 제가 대치연습한 문장을 볼까요? 이것이 정답은 아닙니다. 참고만 하세요.

❶ 태식은 그 조직을 장악하려는 욕구가 있었는데 <u>그것은</u> 그 이전 윤석과 논쟁을 벌일 때도 <u>가장 중요한 문제로 다루었던 사안이다.</u>
❷ 태식이 그 조직을 장악하려는 <u>욕구를 갖고 있었으므로</u> 과거에 윤석은 <u>그와의 논쟁에서 그 문제를 심각하게 다루었다.</u>
❸ <u>과거 윤석과 논쟁할 때도</u> 그 문제를 핵심적으로 다룬 적이 있는데, 태식은 그 조직을 장악하려는 욕구를 갖고 있었다.

[Tip5]

글쓰기 훈련을 하는 과정 중에는 '줄여쓰기'도 있습니다. '늘여쓰기'의 반대 개념이라고 할 수 있겠는데요, 본인이 쓴 글을 리라이팅하면서 그 글의 양을 줄이는 겁니다. 양을 줄인다는 것은 다시 말해서, 핵심을 뽑아 정리한다는 것을 의미하기도 하지요. 그것은 마치 여러분이 독서감상문을 쓸 때, 책 한 권에서 줄거리를 요약해서 정리하는 과정과 비슷하다고 생각해도 좋습니다. 여러분이 읽은 한 권의 책은 수백 페이지짜리지만 줄거리는 한 페이지가 될 수도 있고 반 페이지가 될 수도 있지요.

예를 들어, 여러분이 쓴 글이 A4용지 두 페이지라고 가정합시다. 그러면 그것을 한 페이지로 줄여보고, 반 페이지로 줄여보고, 세 줄로 줄여보기도 한다는 겁니다. 이렇게 줄여가면 당연히 핵심만 남지 않겠습니까? 이 또한 글쓰기 훈련입니다.

여기에서 훈련하고 있는 대치연습을 '늘여쓰기'라고 생각하시면 곤란합니다. [예문]을 가지고 대치연습하는 과정에서 표현이 더 풍부해지고 부연설명이 들어가면서 길이가 늘어날 수는 있습니다. 이것은 하나의 문장을 다양하게 변형시켜가며 표현력과 문장력을 높여가려는 훈련이지, 문장을 만연체나 화려체로 만들라는 의미는 아닙니다.

글쓰기 훈련을 할 때는 오히려 그 반대로 해야 할 경우가 많습니다. 즉, '줄여쓰기'가 더 중요할 수도 있다는 것입니다. 글을 많이 써보지 않은 사람들이 흔히 하는 실수가 있습니다. 문장을 길게 쓰는 것을 잘 쓰는 것이라고 생각한다는 것인데 이것은 잘못된 생각입니다. 오히려 간결하게 쓰는 것이 좋습니다. 글쓰기 초보자는 군더더기가 많이 들어간 문장을 쓰기 일쑤이기 때문에 중복되는 의미나 군더더기를 없애는 연습을 하는 게 더 좋습니다. 대치연습이 마치 '늘여쓰기' 연습인 양 착각하시는 분들이 있을 것 같아서 설명했습니다. 대치연습은 '늘여쓰기'가 아니라 표현을 풍부하고 다양하게 하는 연습입니다. 오해 없으시기 바랍니다.

대치연습입니다. 세 개를 모두 채울 필요는 없습니다. 생각나는 대로 써 보세요.

[예문] 사흘간의 여행으로 몹시 피로했던지, 집에 돌아온 날 초저녁부터 곯아떨어졌던
수경은 다음날 정오가 돼서야 일어났다.

❶

❷

❸

☞ 제가 대치연습한 문장을 볼까요? 이것이 정답은 아닙니다. 참고만 하세요.

❶ 사흘 여행을 마치고 돌아온 수경은 초저녁부터 자기 시작해 그 다음날 정오가 되어
눈을 떴다.
❷ 수경은 사흘간의 여행으로 몹시 지쳤다. 집에 돌아오자마자 초저녁부터 곯아떨어지
더니 다음날 열두시가 돼서야 잠이 깼다.
❸ 사흘간의 여행으로 녹초가 된 수경은 집에 돌아온 날 초저녁에 자기 시작해 다음날
정오가 돼서야 눈을 떴다.

대치연습입니다. 세 개를 모두 채울 필요는 없습니다. 생각나는 대로 써 보세요.

[예문] 고교동창 동훈으로부터 그 이야기를 들은 재경은 그간의 사정을 미루어 짐작할
수 있었다.

❶

❷

❸

☞ 제가 대치연습한 문장을 볼까요? 이것이 정답은 아닙니다. 참고만 하세요.

❶ 재경은 그 이야기를 <u>고교동창인 동훈으로부터</u> 들었다. 들어보니 그동안 어떤 일이
있었는지 <u>짐작이 갔다</u>.

❷ 재경은 고교동창 동훈에게 <u>그동안 있었던 일에 대해</u> 들은 후 <u>그 이야기의 전말을</u>
<u>이해할 수 있었다</u>.

❸ 고교동창인 동훈이 재경에게 그동안 있었던 일에 대해 <u>이야기하고 나니</u>, 재경은 몰
<u>랐던 그간의 사정을</u> 파악할 수 있었다.

대치연습입니다. 세 개를 모두 채울 필요는 없습니다. 생각나는 대로 써 보세요.

[예문] 명식은 곧 이 모든 이야기의 대부분을 승환에게 들려주었고, 승환은 입을 다문
채 분노를 삭였다.

❶

❷

❸

☞ 제가 대치연습한 문장을 볼까요? 이것이 정답은 아닙니다. 참고만 하세요.

❶ 이 모든 이야기의 대부분을 명식이 <u>승환에게 들려주었다</u>. 승환은 그것을 들으며 말
<u>없이</u> 분노를 삭였다.
❷ <u>명식에게 이야기의 거의 대부분을 들은</u> 승환은 입을 열지 않은 채 치밀어 오르는
분노를 눌렀다.
❸ 명식으로부터 이야기의 대부분을 들은 승환은 <u>입을 다문 채 화를 참았다</u>.

대치연습입니다. 세 개를 모두 채울 필요는 없습니다. 생각나는 대로 써 보세요.

[예문] 추운 날씨에 배 또한 고팠지만 방금 접한 광경과 이야기는 추위나 허기가 느껴지지 않게 만들었다.

❶

❷

❸

☞ 제가 대치연습한 문장을 볼까요? 이것이 정답은 아닙니다. 참고만 하세요.

❶ 춥고 허기졌지만 <u>방금 보고 들은 것 때문에</u> 그런 것은 느껴지지도 않았다.

❷ <u>몹시 추웠고 뱃가죽이 등에 달라붙을 지경이었지만</u>, 방금 자신이 본 놀라운 광경과 이야기에 사로잡혀 추위와 허기가 느껴지지 않았다.

❸ 방금 자신이 본 놀라운 광경과 이야기는 <u>추위와 허기조차 느껴지지 않게 했다.</u>

대치연습입니다. 세 개를 모두 채울 필요는 없습니다. 생각나는 대로 써 보세요.

[예문] 혜원은 자기 일생에서 아기를 낳은 것이 그동안 살아오면서 가장 훌륭하게 해
낸 일이라고 생각했다.

❶

❷

❸

☞ 제가 대치연습한 문장을 볼까요? 이것이 정답은 아닙니다. 참고만 하세요.

❶ 아기를 낳은 것이 <u>여태껏 살아오면서 했던 일 중</u> 가장 잘한 일이라고 혜원은 생각했
다.

❷ 평생 살면서 <u>아기를 낳은 것이 가장 잘한 일이라고</u> 혜원은 생각했다.

❸ <u>혜원이 평생을 두고 가장 잘했던 일은</u> 아기를 낳은 것이라고 생각했다.

대치연습입니다. 세 개를 모두 채울 필요는 없습니다. 생각나는 대로 써 보세요.

[예문] 영철에게 그건 정말 신나는 화제였고, 그는 그 취미의 좋은 점을 나열하는데 지칠 줄 모르는 듯 했다.

❶

❷

❸

☞ 제가 대치연습한 문장을 볼까요? 이것이 정답은 아닙니다. 참고만 하세요.

❶ 영철은 <u>그 화제에 대해 말하는 것을</u> 정말 좋아했다. 그 취미가 얼마나 좋은지 끊임없이 설명했다.

❷ 영철은 그 취미가 얼마나 좋은지 <u>쉬지 않고 신나게 이야기했다.</u>

❸ <u>그 취미의 장점을 말하는 것이</u> 영철에겐 신나는 일이어서 설명하기를 쉬지 않았다.

대치연습입니다. 세 개를 모두 채울 필요는 없습니다. 생각나는 대로 써 보세요.

[예문] 문식은 우리가 티켓을 사러 간 사이에 채영과 이야기를 나누었다.

❶

❷

❸

☞ 제가 대치연습한 문장을 볼까요? 이것이 정답은 아닙니다. 참고만 하세요.

❶ 우리는 <u>티켓을 사러 갔다</u>. <u>그 사이에</u> 문식은 채영과 이야기를 나누었다.
❷ <u>문식과 채영은</u> 우리가 티켓을 사러 간 사이에 이야기를 나누었다.
❸ 우리가 티켓을 사러 간 사이에 <u>문식은 채영과 이야기를 나누었다</u>.

대치연습입니다. 세 개를 모두 채울 필요는 없습니다. 생각나는 대로 써 보세요.

[예문] 지하철 문 앞에 바짝 붙어있던 나는 사람 쓰나미에 밀려 좌석에 앉은 사람 앞에
다다랐다.

❶

❷

❸

☞ 제가 대치연습한 문장을 볼까요? 이것이 정답은 아닙니다. 참고만 하세요.

❶ 지하철 문 <u>가까운 곳에 있었지만</u> 사람들이 <u>한꺼번에 밀려들자,</u> 떠밀려서 좌석에 앉
은 사람 앞까지 가게 됐다.

❷ 지하철 문 앞에 <u>가까이 있었지만 소용없었다.</u> <u>사람들이 마구 밀려드는 바람에</u> 자리
에 앉은 사람 앞까지 다다랐다.

❸ 지하철 문 가까이에 있었지만 사람들이 몰려들어 <u>떠밀리는 데는 재간이 없었다.</u> 떠
밀려서 좌석에 앉은 사람 앞까지 갔다.

대치연습입니다. 세 개를 모두 채울 필요는 없습니다. 생각나는 대로 써 보세요.

[예문] 작은 키에 육중한 몸을 가진 교장 선생은 팔짱을 끼고서 학생주임 선생의 이야기를 흐뭇하게 듣고 있었다.

❶

❷

❸

☞ 제가 대치연습한 문장을 볼까요? 이것이 정답은 아닙니다. 참고만 하세요.

❶ 학생주임 선생이 이야기를 하는 동안 작고 뚱뚱한 교장 선생은 흐뭇한 표정을 지은 채 팔짱을 끼고 들었다.

❷ 작지만 체중이 많이 나가는 교장 선생은 학생주임 선생이 전하는 이야기를 팔짱을 낀 채 흐뭇하게 듣고 있었다.

❸ 교장 선생은 팔짱을 끼고서 학생주임 선생의 이야기를 흐뭇하게 듣고 있었다. 그는 작고 뚱뚱했다.

대치연습입니다. 두 개를 모두 채울 필요는 없습니다. 생각나는 대로 써 보세요.

[예문] 그 편지의 내용은 은선의 마음을 설레게 했지만 그녀의 가슴 속에 더 큰 자리를 차지하고 있는 것이 즐거움인지 괴로움인지 단정 짓기 어려웠다.

❶

❷

☞ 제가 대치연습한 문장을 볼까요? 이것이 정답은 아닙니다. 참고만 하세요.

❶ <u>그 편지를 받은 은선은 마음이 설렜다.</u> 그러나 그녀는 그것이 즐거운 일인지 괴로운 일인지 본인도 모를 일이었다.

❷ <u>그 편지가</u> 은선의 마음을 설레게 했다. 그런데 더 중요한 것은 그것이 즐거움인지 괴로움인지 <u>알다가도 모를 일이라는 것이다.</u>

❸ 그 편지를 받고 은선은 마음이 설렜지만 그것이 즐거워할 일인지 괴로워할 일인지 <u>본인도 혼동스러웠다.</u>

대치연습입니다. 두 개를 모두 채울 필요는 없습니다. 생각나는 대로 써 보세요.

[예문] 수철은 그렇게 오래 마음 졸이며 애태우던 일이, 되려고 하니 이렇게 신속하고도
수월하게 마무리되고 만 것을 생각하고 미소 지었다.

❶

❷

☞ 제가 대치연습한 문장을 볼까요? 이것이 정답은 아닙니다. 참고만 하세요.

❶ 수철은 그 한 가지 일을 가지고 오래 마음 쓰며 초조해했지만 <u>이리도 빠르고 쉽게</u>
<u>해결된 걸 생각하고는</u> 미소 지었다.
❷ 그리 오랫동안 애먹이며 속 썩이던 일이 <u>한 순간에 쉽게 처리된 것을 보고</u> 수철은
빙그레 웃었다.
❸ <u>오랫동안 해결되지 않은 일이</u> 수철을 애타게 했지만 순식간에 쉽게 해결된 것을 생
각하니 <u>미소가 절로 나왔다.</u>

대치연습입니다. 두 개를 모두 채울 필요는 없습니다. 생각나는 대로 써 보세요.

[예문] 천동설을 체계적으로 설명한 것은 고대의 프톨레마이오스였지만 이것이 근대에
넘어와서야 비로소 과학적 논의 대상이 되었다.

❶

❷

☞ 제가 대치연습한 문장을 볼까요? 이것이 정답은 아닙니다. 참고만 하세요.

❶ 고대에는 프톨레마이오스가 천동설을 <u>체계적으로 설명했는데</u> 근대에 와서야 이를
<u>과학적으로 논의하게 되었다</u>.

❷ 프톨레마이오스가 천동설을 체계적으로 설명한 <u>고대를 지나 중세를 넘어 근대에 와</u>
<u>서야</u> 과학적으로 논의하게 되었다.

❸ 고대에는 프톨레마이오스에 의해 <u>천동설이 체계적으로 설명되었다</u>. <u>중세를 지나 근</u>
<u>대에 들어선 후에야</u> 비로소 과학적 논의가 진행되었다.

대치연습입니다. 두 개를 모두 채울 필요는 없습니다. 생각나는 대로 써 보세요.

[예문] 운명을 논할 때 베에토벤의 『운명』 교향곡을 빼 놓을 수 없는 것은 단순히 그 곡이 동서고금을 망라한 만인의 인생을 절묘하게 그려냈다는 차원을 넘어서 작곡가의 파란만장한 인생의 환희와 비애를 머금고 있다는 기구한 운명의 파노라마가 연상되기 때문이 아닐까 생각한다.

❶

❷

☞ 제가 대치연습한 문장을 볼까요? 이것이 정답은 아닙니다. 참고만 하세요.

❶ '운명'이라고 하면 대번에 베토벤의 『운명』 교향곡이 생각난다. <u>그 이유는 뭘까?</u> 그가 단순히 수많은 사람들의 <u>인생사를 절묘하게 표현해내었다는 것</u>을 뛰어넘어 작곡가 본인이 파란만장한 삶을 살아가며 <u>불운한 처지를 극복해낸 기구한 운명의 소유자</u>라는 사실이 떠오르기 때문은 아닐까?

Pattern 3

여러 문장 대치연습 (고급)

　이번에 대치연습할 문장은 하나가 아닙니다. 여러 개의 문장을 대치연습할 겁니다. 좀 더 복잡할까요? 그다지 복잡할 것은 없습니다. '글'이라는 것은 '문장'이 여러 개 모여서 만들어진 집단입니다. '글'의 구성 성분은 '문장'이라는 것이지요. 한 문장 한 문장을 대치연습할 수 있다면 여러 개의 문장도 그와 같이 할 수 있습니다. 대치연습으로 탄생한 각각의 문장들이 조합을 이루면 아주 색다른 글이 만들어질 수 있지요.

　만일 두 개의 문장을 두 개씩 대치연습했다고 칩시다. 그러면 총 몇 개의 글이 나올 수 있나요? 수학시간에 '경우의 수'라는 것을 배웠지요? 2×2=4입니다. 두 개와 두 개가 조합하면 총 네 개의 다른 글이 만들어진다는 것입니다. 실제로 해보겠습니다.

아래에 두 개의 문장이 있습니다.

> 군인에게 외출은 항상 즐거웠다. 그러나 훈련을 하기 위해 외출하는 것이 즐겁지만은 않았다.

이 두 개의 문장을 각각 대치연습해보겠습니다.

❶ 군인에게 외출은 항상 즐거웠다. (원문)
❷ 군인의 신분으로 있을 때 외출을 한다는 것은 큰 기쁨이었다. (대치연습한 문장)

❸ 그러나 훈련을 하기 위해 외출하는 것이 즐겁지만은 않았다. (원문)
❹ 그러나 외출해서 훈련을 한다면 어찌 즐거울 수만 있겠는가. (대치연습한 문장)

문장의 조합을 따져볼까요?

❶+❸, ❶+❹, ❷+❸, ❷+❹. 이렇게 4개가 되겠지요. 이것을 문장으로 써 볼까요?

❶+❸ 군인에게 외출은 항상 즐거웠다. 그러나 훈련을 하기 위해 외출하는 것이 즐겁지
　　　만은 않았다.

❶+❹ 군인에게 외출은 항상 즐거웠다. 그러나 외출해서 훈련을 한다면 어찌 즐거울
　　　수만 있겠는가.

❷+❸ 군인의 신분으로 있을 때 외출을 한다는 것은 큰 기쁨이었다. 그러나 훈련을 하
　　　기 위해 외출하는 것이 즐겁지만은 않았다.

❷+❹ 군인의 신분으로 있을 때 외출을 한다는 것은 큰 기쁨이었다. 그러나 외출해서
　　　훈련을 한다면 어찌 즐거울 수만 있겠는가.

　여기에서 설명하려는 것이 뭘까요? 지금은 단순히 두 개의 문장만 이렇게 변형시켜
서 조합을 맞춰봤을 뿐인데도 네 개의 글이 만들어 질 수 있다는 것을 알았습니다. 평소
에 여러분이 쓰는 글은 다섯 개의 문장일 수도 있고 열 개의 문장일 수도 있고 서른
두 개의 문장일 수도 있습니다.

　위와 같이 변형시켜서 문장을 이리저리 바꿔본다면 얼마나 다양한 뉘앙스를 풍기는
문장들이 만들어질까요? 매우 다양하게 문장을 만들어볼 수 있습니다. 이것은 여러분
이 초고를 쓰실 때 적용해도 되겠고, 퇴고할 때도 적용할 수 있습니다. 이른바 '고쳐쓰
기' 연습이라고 생각하셔도 됩니다.

두 문장 대치연습을 합니다. 빈 칸을 모두 채울 필요는 없습니다. 생각나는 대로 써 보세요.

[예문] 분위기를 파악해보니 문전박대를 당할 것이 뻔했다. 이대로 돌아갈 것인가 아니면 끝까지 기다렸다가 설명이라도 제대로 하고 갈 것인가를 결정해야 했다.

❶

❷

☞ 제가 대치연습한 문장을 볼까요? 이것이 정답은 아닙니다. 참고만 하세요.

❶ <u>보아하니</u> 문전박대를 당할 것 같았다. 그래서 <u>행동을 결정해야 했다.</u> 그냥 돌아갈 것인가 아니면 <u>보란 듯이 설명이라도 하고 갈 것인가를.</u>

❷ 그냥 돌아갈 것인지 끝까지 기다렸다가 설명이라도 제대로 할 것인지 <u>마음을 정하기가 어려웠다.</u> 분위기를 보니 문전박대를 당할 게 뻔해보였다.

❸ <u>난감했다. 어찌 해야 하지?</u> 문전박대 당할 것은 뻔한데 그냥 돌아가야 하나? 기다렸다가 <u>만나서</u> 설명이라도 제대로 하고 갈까?

대치연습입니다. 세 개를 모두 채울 필요는 없습니다. 생각나는 대로 써 보세요.

[예문] 예고편을 접했을 때 꼭 봐야 할 영화라는 걸 직감했다. 그런데 극장엔 나를 포함해 다섯 명의 관람객이 있었다.

❶

❷

❸

☞ 제가 대치연습한 문장을 볼까요? 이것이 정답은 아닙니다. 참고만 하세요.

❶ 그 영화를 보기 전에 <u>예고편을 접하는 순간</u>, 꼭 봐야겠다는 생각이 들었다. 그런데 극장엔 <u>손님이 나까지 다섯 명밖에 없었다</u>.

❷ 그 영화의 예고편만 보고서도 직감했다. <u>이 영화를 놓쳐서는 안 되겠다고</u>. 막상 극장에 가보니 손님이 다섯 명이었다.

❸ 극장에 가보니 손님은 다섯 명 밖에 없었지만 그 영화의 예고편만 보았을 때는 <u>놓쳐선 안 될 영화라는</u> 생각이 들었다.

대치연습입니다. 세 개를 모두 채울 필요는 없습니다. 생각나는 대로 써 보세요.

[예문] 창훈이 그 사무실에 다시 방문한다는 것은 지원에게 더 이상 즐거운 소식이 아
니었다. 오지 않는 것이 차라리 나았다.

❶

❷

❸

☞ 제가 대치연습한 문장을 볼까요? 이것이 정답은 아닙니다. 참고만 하세요.

❶ 그 사무실에 창훈이 <u>다시 찾아온다는</u> 소식을 듣고 지원은 반갑지 않았다. 속으로 생
각했다. "<u>안 오는 게 도와주는 건데……</u>."
❷ 창훈이 사무실에 다시 방문한다는 소식을 듣고 지원은 즐겁지 않았다. <u>오지 않는 것
의 도와주는 일이라 생각했다.</u>
❸ 창훈이 그 사무실에 다시 <u>방문한단다.</u> 지원은 그 이야기를 듣고는 기분이 좋지 않았
다. 차라리 <u>오지 않는 것만 못하다고</u> 생각했다.

대치연습입니다. 두 개를 모두 채울 필요는 없습니다. 생각나는 대로 써 보세요.

[예문] 그때 환하게 불을 밝힌 급행열차가 천둥같은 소리를 내며 달려왔다. 형준은 3년
전 친구들과 함께 했던 졸업여행을 떠올렸다.

❶

❷

☞ 제가 대치연습한 문장을 볼까요? 이것이 정답은 아닙니다. 참고만 하세요.

❶ 그때 열차가 <u>빠른 속도로 다가오며 요란한 소리를 냈다. 순간 주위는 환하게 빛났고</u>,
형준은 3년 전 친구들과 떠났던 <u>졸업여행에 대한 기억이 언뜻 떠올랐다.</u>

❷ 그때 <u>환하게 빛을 밝히며 요란하고 빠르게 다가오는 열차가 있었다. 그것을 본</u> 형준
은 3년 전 친구들과 함께 했던 <u>졸업여행이 생각났다.</u>

❸ 그때 급행열차가 <u>환하게 주위를 밝히며 요란스럽고 급하게</u> 다가왔다. 형준은 친구들
과 함께 떠났던 <u>졸업여행에 대한 3년 전 기억을</u> 떠올렸다.

대치연습입니다. 세 개를 모두 채울 필요는 없습니다. 생각나는 대로 써 보세요.

[예문] 시계가 세 시를 알리자 모두 자리를 떴다. 그곳엔 금세 정적이 찾아왔다.

❶

❷

❸

☞ 제가 대치연습한 문장을 볼까요? 이것이 정답은 아닙니다. 참고만 하세요.

❶ 세 시가 되니 <u>모두 돌아갔다</u>. 그리곤 언제 그랬냐는 듯이 조용해졌다.

❷ <u>세 시가 되었다</u>. 모두 주섬주섬 짐을 챙기더니 하나 둘 <u>일어서기 시작했다</u>. 그리고 금세 조용해졌다.

❸ 그곳은 <u>순식간에 조용해졌다</u>. 세 시가 되었기 때문이다. 모두 <u>자리를 털고 일어났다</u>.

대치연습입니다. 두 개를 모두 채울 필요는 없습니다. 생각나는 대로 써 보세요.

[예문] 그 팀원들은 회사 대표 앞에서 당당하게 자기주장을 펴는 게 좋다는 걸 깨달았
다. 제대로 알고 하는 얘기이기만 하다면 대표는 그들이 이의 제기하는 것도 허
용해주었다.

❶

❷

☞ 제가 대치연습한 문장을 볼까요? 이것이 정답은 아닙니다. 참고만 하세요.

❶ 그 팀원들은 <u>회사 대표를 겪어보니</u> 그와 얘기할 때 기죽지 않고 당당하게 자기주장
을 하는 것도 <u>나쁘지 않다는 것을</u> 알게 됐다. 본인이 정확히 아는 것을 가지고 이야
기한다면 <u>의의를 제기하는 것도 받아주었던 것이다.</u>

❷ 그 팀원들은 본인이 제대로만 알고 회사 대표에게 자기주장을 편다면 받아준다는
것을 알았다. <u>심지어 의의를 제기하는 것도.</u>

대치연습입니다. 세 개를 모두 채울 필요는 없습니다. 생각나는 대로 써 보세요.

[예문] 사업을 시작하기에 앞서 그들이 결정해야 할 것이 있었다. 회사 이름이었다. 그
것은 그들이 고민하기 시작한 첫 번째 결정이었다.

❶

❷

❸

☞ 제가 대치연습한 문장을 볼까요? 이것이 정답은 아닙니다. 참고만 하세요.

❶ 그들은 회사 이름을 결정해야 했다. 사업을 하면서 수많은 결정을 했지만 <u>회사 이름
을 정한 것이 그 최초였다.</u>
❷ 사업을 시작하기 전, <u>우선 결정해야 할 것이 있었다.</u> 회사 이름을 정하지 않은 것이
다. <u>그것을 정한 것이 최초의 결정이었다.</u>
❸ 사업을 시작하려 하니 <u>그때까지 정하지 않은 것이 있었다.</u> 회사 이름을 결정한 것이
그들이 한 최초의 결정이었다.

대치연습입니다. 세 개를 모두 채울 필요는 없습니다. 생각나는 대로 써 보세요.

[예문] 그의 당당한 태도나 주저 없는 말투로 보아 거짓은 아닌 것 같았다. 그제서야
        지숙은 의심을 풀었다.

❶

❷

❸

☞ 제가 대치연습한 문장을 볼까요? 이것이 정답은 아닙니다. 참고만 하세요.

❶ 그는 주저하거나 쭈뼛거리지 않았다. 당당한 태도로 일관했다. 그것을 본 지숙은 그
제서야 의심을 떨쳐버렸다.

❷ 그가 당당하게 행동하고 주저 없이 말하는 것을 보고 지숙은 그제서야 의심을 풀었
다. 거짓은 아닌 듯 보였기 때문이다.

❸ 그의 당당한 태도나 주저 없는 말투는 지숙이 의심을 풀게 하기에 충분했다. 거짓이
아닌 것 같아보였다.

대치연습입니다. 세 개를 모두 채울 필요는 없습니다. 생각나는 대로 써 보세요.

[예문] 그는 극약 처방이 필요하다고 판단했다. 팀원들의 불만을 잠재우기 위해서는 누구 하나를 본보기로 징계할 필요가 있었다.

❶

❷

❸

☞ 제가 대치연습한 문장을 볼까요? 이것이 정답은 아닙니다. 참고만 하세요.

❶ 팀원들의 불만을 누그러뜨리기 위해서는 <u>한 사람을 본보기로 징계해야 할 것 같다고</u> 생각했는데 <u>이는 분명 극약 처방이었다.</u>

❷ 그는 뭔가 <u>확실한 징계가</u> 필요해보였다. 팀원들의 <u>불만이 더 이상 터져 나오지 않게</u> <u>하기 위해서라도</u> 그러한 극약 처방은 필요했다.

❸ <u>극약 처방이 필요했다.</u> 팀원들의 불만이 커지는 것을 보니 그냥 넘어갈 일은 아닌 듯 보였다. 누구 하나를 본보기로 징계해서라도 불만을 <u>잠재울 필요가 있었다.</u>

대치연습입니다. 세 개를 모두 채울 필요는 없습니다. 생각나는 대로 써 보세요.

[예문] 오토바이가 차가운 아스팔트 위를 달리고 있었다. 수은주는 영하 10도 아래로
뚝 떨어졌다.

❶

❷

❸

☞ 제가 대치연습한 문장을 볼까요? 이것이 정답은 아닙니다. 참고만 하세요.

❶ 오토바이는 차가운 아스팔트 위를 <u>질주하고 있었다</u>. 기온은 <u>영하 10도 아래였다</u>.
❷ <u>영하 10도 이하로 떨어진 날씨에</u> 오토바이를 타고 꽁꽁 언 아스팔트 위에서 <u>질주하
고 있었다</u>.
❸ 수은주가 영하 10도 아래로 뚝 <u>떨어졌건만</u> 그 차가운 아스팔트 위에서 <u>오토바이로
달리고 있었다</u>.

대치연습입니다. 세 개를 모두 채울 필요는 없습니다. 생각나는 대로 써 보세요.

[예문] 은숙은 이미 사태의 내막을 모두 파악하고 있었다. 그녀는 팀장을 만나기 전에
팀원들을 만나고 온 터였다.

❶

❷

❸

☞ 제가 대치연습한 문장을 볼까요? 이것이 정답은 아닙니다. 참고만 하세요.

❶ 은숙은 이미 <u>팀원들로부터 사건의 내막에 대해 들어 알고 있었다</u>. 그리고는 팀장을
만났다.

❷ 은숙은 그 사건의 내막을 이미 파악하고 있었다. <u>팀원들로부터 이야기를 듣고 나서</u>
팀장을 만났다.

❸ 은숙이 <u>그 사태의 내막을 알고 있었던 것은</u> 이미 <u>팀원들로부터 들었기 때문이다</u>. <u>팀</u>
<u>원들을 먼저 만나고</u> 팀장에게 찾아갔다.

잠시 머리를 식히고 가겠습니다. 글쓰기에 도움 되는 팁(tip)을 소개합니다.

[Tip6]

글쓰기를 어려워하시는 분들이 공통적으로 하는 질문이 있습니다. 글을 쓸 때 첫 문장을 어떻게 시작해야 하느냐는 것이지요. 이 질문에 대한 정답은 물론 없습니다. 다만, 간단한 원리만 말씀드린다면 다음과 같습니다.

첫째, 틀에 박힌 고정관념을 버리십시오.
이는 '사고의 유연함'을 뜻하기도 합니다. 이러면 어떻고 저러면 어떻습니까. 직관적 사고가 중요합니다. 누구에게 어떤 원리나 이론을 배워서 적용하려고 하지 마십시오. 남들이 말하는 원칙에 얽매이지 마십시오. 그러면 경직되고 뻔한 글을 쓸 수밖에 없습니다. 국어와 수학을 비교해볼까요? 수학에는 정답이 있지만 국어, 특히 글에는 정답이 없습니다. 수학에서는 정답과 0.000001만 달라도 틀린 겁니다. 수학엔 반드시 정답이 있습니다. 하지만 글에는 정답이 없다고 생각하십시오. 여러분이 쓰고자 하는 방식이 바로 정답입니다. 다만 한 가지를 말하자면, 가장 먼저 떠오르는 아이디어를 글의 첫머리에 쓰는 것도 요령이라고 할 수 있지요.

둘째, 본인이 그 글에서 쓰고자 하는 핵심 메시지의 배경이 되는 내용을 첫 문장으로 하는 것도 좋습니다. 메시지의 배경이라고 하면 여러 가지가 이에 해당되겠지만, 가장 쉽게 생각할 수 있는 것은 시간과 공간 배경이라고도 할 수 있겠습니다. 핵심 메시지의 모티브나 영감을 제공해주는 단서(clue)가 나와도 좋습니다. 결국은 그 글을 풀어나가기 위해 저자가 던지는 화두에 독자들이 끌려 들어오게 해야 한다는 겁니다. 매우 추상적인 설명이라 이해하기는 어렵겠으나 많은 글쓰기 훈련을 통해 본인 스스로 터득하는 것이 가장 확실한 방법입니다. **[Tip7]**에서는 실제 예문을 가지고 설명하겠습니다.

대치연습입니다. 세 개를 모두 채울 필요는 없습니다. 생각나는 대로 써 보세요.

[예문] 그러자 그 말이 떨어지기를 기다렸다는 듯이 일제히 박수를 쳤다. 거기 모인 사람 모두 진심으로 축하해주었다.

❶

❷

❸

☞ 제가 대치연습한 문장을 볼까요? 이것이 정답은 아닙니다. 참고만 하세요.

❶ 그러자 <u>그 말이 나오길 기다렸다는 듯이</u> 동시에 박수를 쳤다. <u>진심으로 축하해주며</u> 모두가 기뻐했다.

❷ 그러자 그 말이 끝나기가 무섭게 모두 박수를 쳤다. 그 자리에 있는 사람들은 <u>예외없이 마음으로부터</u> 축하해주었다.

❸ 그러자 누구 하나 예외없이 진심으로 축하해주었다. 그 말이 <u>끝나자마자</u> 기다렸다는 듯이 일제히 <u>박수를 쳤던 것이다.</u>

대치연습입니다. 세 개를 모두 채울 필요는 없습니다. 생각나는 대로 써 보세요.

[예문] C사는 예정을 훨씬 넘긴 다음해 가을이 다 되어서야 제품을 출시했다. 그럼에도 여전히 하자가 발견되었다.

❶

❷

❸

☞ 제가 대치연습한 문장을 볼까요? 이것이 정답은 아닙니다. 참고만 하세요.

❶ C사가 제품을 출시한 건 예정일도 한참 지난 이듬해 가을이 다 되었을 때였다. 그런데도 역시 하자가 발견되었다.

❷ C사는 제품 출시가 늦어져 예정보다 한참 지난 이듬해 가을 무렵에나 선을 보이게 되었다. 그럼에도 불구하고 제품에서 하자가 발견되었다.

❸ C사의 제품은 예정보다 한참 늦어진 이듬해 가을 경에 출시되었다. 그래도 역시 하자는 있었다.

대치연습입니다. 세 개를 모두 채울 필요는 없습니다. 생각나는 대로 써 보세요.

[예문] 현대인들이 심각하게 앓고 있는 병은 다름 아닌 마음의 병이다. 물질문명이 발달한 나라에서 자살률이 끊임없이 치솟는 이유도 여기에 있다고 본다.

❶

❷

❸

☞ 제가 대치연습한 문장을 볼까요? 이것이 정답은 아닙니다. 참고만 하세요.

❶ 물질문명이 발달한 나라에서 자살률이 끊임없이 치솟는 이유는 아마 많은 현대인들이 심각하게 앓고 있는 <u>마음의 병 때문이 아닐까</u>?

❷ 현대인들 중 많은 사람이 <u>마음의 병을 심각하게 앓고 있다</u>. 물질문명이 발달한 나라에서 자살률이 끊임없이 <u>치솟는 이유가 뭘까</u>? 아마 이 마음의 병 때문이 아닐까?

❸ 물질문명이 발달한 나라에서 자살률이 계속 <u>오르는 이유는 뭘까</u>? 많은 현대인들이 <u>심각한 마음의 병을 앓고 있기 때문은 아닐까</u>?

대치연습입니다. 세 개를 모두 채울 필요는 없습니다. 생각나는 대로 써 보세요.

[예문] 그들이 마지막으로 방문한 곳은 번화가와는 거리가 먼 한적한 시골의 한 방앗간 이었다. 전원의 풍경을 고스란히 간직한 곳이었다.

❶

❷

❸

☞ 제가 대치연습한 문장을 볼까요? 이것이 정답은 아닙니다. 참고만 하세요.

❶ 그들은 한적한 전원의 모습을 그대로 품고 있는 시골 방앗간에 마지막으로 방문했다.

❷ 그들은 번화가와는 영 다른 시골의 한 방앗간에 방문했다. 한적한 전원의 풍경을 그대로 간직한 곳이었다.

❸ 그들은 마지막으로 한적한 시골의 한 방앗간에 방문했다. 그곳은 번화가와는 거리가 먼 전원 그대로의 모습을 간직한 곳이었다.

대치연습입니다. 두 개를 모두 채울 필요는 없습니다. 생각나는 대로 써 보세요.

[예문] 종석은 승현과 단둘이 이야기할 기회가 생기자마자 차근차근 알아듣게 주의를 주었다. 자신의 견해를 솔직히 말한 뒤 그는 계속해서 다음과 같이 말했다.

❶

❷

☞ 제가 대치연습한 문장을 볼까요? 이것이 정답은 아닙니다. 참고만 하세요.

❶ 종석은 마침 승현과 <u>단둘이 말할 수 있는 기회가 오자마자</u> 차분히 알아듣게 경고 메시지를 전했다. 우선 <u>그동안 생각했던 바를 말하고</u> 뒤이어 다음과 같이 말했다.

❷ 종석과 승현에게는 마침 <u>단둘이 이야기할 기회가 찾아왔다</u>. 종석은 승현이 알아들을 수 있도록 <u>차분히 경고했다</u>. <u>그러면서 자신의 견해를 말하고 나서는</u> 계속해서 다음과 같이 말했다.

❸ 종석은 승현과 <u>단둘이 이야기할 기회가 왔음을 직감하고는</u> 승현이 알아듣도록 차분하게 주의를 주었다. <u>자신이 생각한 바를 솔직히 말하고 난 다음</u> 말을 이어갔다.

대치연습입니다. 두 개를 모두 채울 필요는 없습니다. 생각나는 대로 써 보세요.

[예문] 영철의 냉담한 거절에 형욱은 추가 설명을 했으나 소용이 없었다. 영철은 조금도
흔들림 없이 고개를 저으며 말했다.

❶

❷

☞ 제가 대치연습한 문장을 볼까요? 이것이 정답은 아닙니다. 참고만 하세요.

❶ 영철은 냉담하게 거절했다. 형욱은 다시 한 번 설득해보려고 추가 설명을 했으나 통
하지 않았다. 영철은 처음의 뜻을 굽히지 않고 단호하게 말했다.

❷ 형욱은 더 많은 설명을 하려했다. 단박에 거절당했기 때문이다. 영철은 거절하는 의
사를 확실하게 비치고 말을 이어갔다.

❸ 영철이 제안을 단박에 거절하는 바람에 형욱은 추가 설명을 했지만 소용 없었다. 영
철은 고개를 저으며 단호하게 말했다.

대치연습입니다. 세 개를 모두 채울 필요는 없습니다. 생각나는 대로 써 보세요.

[예문] 어느 날 아침에 눈을 떴더니 눈이 내리고 있었다. 자영은 활활 타오르는 난로 옆 안락의자에서 눈이 내리는 모습을 바라보았다.

❶

❷

❸

☞ 제가 대치연습한 문장을 볼까요? 이것이 정답은 아닙니다. 참고만 하세요.

❶ <u>눈 내리는 어느 날 아침에</u> 눈을 떴다. 난로는 <u>활활 타오르고 있었고</u> 자영은 눈 내리는 모습을 난로 옆 안락의자에서 바라보았다.

❷ <u>자영이 어느 날 아침 눈을 떴을 때</u> 눈이 내리고 있었다. 난로는 활활 타오르고 있었는데 <u>그 옆 안락의자에 앉아</u> 눈 내리는 모습을 바라보았다.

❸ <u>자영이 눈을 떴을 때 밖에선</u> 눈이 내리고 있었다. 활활 타오르는 난로 옆 안락의자에 앉아 <u>그 모습을 바라보았다.</u>

대치연습입니다. 세 개를 모두 채울 필요는 없습니다. 생각나는 대로 써 보세요.

[예문] 진규는 인부들에게 건성으로 아침인사를 했다. 그러고는 팔을 걷어붙이고 작업
　　　　장을 누비고 다녔다.

❶

❷

❸

☞ 제가 대치연습한 문장을 볼까요? 이것이 정답은 아닙니다. 참고만 하세요.

❶ 인부들에게 <u>건성으로 아침인사를 건넨 진규는</u> 소매를 걷어 올리고 작업장을 돌아다
　녔다.
❷ 진규는 인부들에게 <u>대충 아침인사를 하고서</u> 소매를 걷어 올린 채 <u>작업장을 휘젓고
　다녔다.</u>
❸ 아침에 진규는 인부들에게 건성으로 인사를 건네더니 <u>팔소매를 걷어 제치고 작업장
　에서 여러 곳을 찾아다녔다.</u>

대치연습입니다. 세 개를 모두 채울 필요는 없습니다. 생각나는 대로 써 보세요.

[예문] 우리가 킹크랩을 다 먹자 영재가 식당에 들어왔다. 그는 키가 작고 까무잡잡한 예전 모습 그대로였다.

❶

❷

❸

☞ 제가 대치연습한 문장을 볼까요? 이것이 정답은 아닙니다. 참고만 하세요.

❶ 우리가 킹크랩을 <u>다 먹었을 때</u> 식당에 들어온 것은 영재였다. 그는 예전과 같이 키가 작고 까무잡잡했다.

❷ 우리가 킹크랩을 <u>다 먹었을 때</u>였다. 영재가 식당에 들어왔는데 그는 키가 작고 까무잡잡한 것이 <u>예전과 다르지 않았다.</u>

❸ <u>영재가 식당에 들어온 것은</u> 우리가 킹크랩을 다 먹었을 때였다. 그는 <u>예전과 다름없</u>의 키가 작고 까무잡잡했다.

대치연습입니다. 세 개를 모두 채울 필요는 없습니다. 생각나는 대로 써 보세요.

[예문] 평소와 마찬가지로 태준은 산책하면서 대화를 나누고 싶어 했다. 수목원 장미꽃 길을 걸으며 인준이 팀에 합류해야 한다고 설득했다.

❶

❷

❸

☞ 제가 대치연습한 문장을 볼까요? 이것이 정답은 아닙니다. 참고만 하세요.

❶ 태준은 언제나 그랬듯 <u>인준과 산책하며 대화하고 싶어 했다</u>. 수목원 장미꽃 길을 걸으며 그가 팀에 합류해야 한다고 설득했다.

❷ <u>여느 때와 같이</u> 태준은 산책하며 대화하길 원했다. 수목원 장미꽃 길을 지나며 <u>인준이 팀에 합류하길 종용했다.</u>

❸ 평소와 같이 <u>산책하며 대화하길 태준은 원했다</u>. 수목원 장미꽃 길을 걸으며 <u>인준이 팀에 들어오길 권면했다.</u>

대치연습입니다. 세 개를 모두 채울 필요는 없습니다. 생각나는 대로 써 보세요.

[예문] 내가 왜 이런 이야기를 자네에게 하고 있겠나? 우리가 함께 보낸 순간들을 하나
도 잊지 않았다는 것을 보여주고 싶어서라네.

❶

❷

☞ 제가 대치연습한 문장을 볼까요? 이것이 정답은 아닙니다. 참고만 하세요.

❶ 이런 이야기를 자네에게 하는 <u>이유를 알겠나?</u> 자네와 내가 함께 겪은 사건을 모두
기억하고 있다는 것을 <u>자네가 알게 해 주려는 것이네</u>.

❷ 내가 자네에게 이런 이야기를 하는 <u>이유를 알기 바라네</u>. 우리가 함께 경험한 일련의
사건들을 하나도 잊지 않고 있다는 것을 <u>자네가 알기 바라서라네</u>.

❸ 이런 이야기를 <u>자네에게 하는 이유가 있네</u>. 우리가 함께 보낸 순간들을 내가 하나도
잊지 않고 있다는 것을 <u>자네에게 보여주고 싶어서라네</u>.

Pattern 4

문단 글쓰기 대치연습 (심화)

　이제부터는 이미 완성된 문장을 예문으로 해서 여러분이 그 예문을 바꿔쓰기하는 연습을 합니다. 우선 완성된 문장을 문장 개수로 나누어보고, 그 나눈 것을 하나하나 바꿔쓰기하는 연습을 합니다.

[제시문]

> 명심보감에 '지자상락(智者常樂)'이라는 말이 있다. 이 말은 지혜로운 사람은 항상 즐거워한다는 뜻이다. 바꾸어 말하면 언제나 즐거운 인생을 누리려면 지혜로워야 한다는 의미이며, 항상 즐거운 인생을 누릴 만큼 현명하다면 그는 명실상부한 현자의 칭호를 얻을 수 있는 사람이라 할 것이다.

이 문단을 문장 개수만큼으로 나누겠습니다.

❶ 명심보감에 '지자상락(智者常樂)'이라는 말이 있다.

❷ 이 말은 지혜로운 사람은 항상 즐거워한다는 뜻이다.

❸ 바꾸어 말하면 언제나 즐거운 인생을 누리려면 지혜로워야 한다는 의미이며, 항상 즐거운 인생을 누릴 만큼 현명하다면 그는 명실상부한 현자의 칭호를 얻을 수 있는 사람이라 할 것이다.

지금부터 아래의 ❶, ❷, ❸을 각각 대치연습해보겠습니다.

❶ 명심보감에 '지자상락(智者常樂)'이라는 말이 있다.

　　대치연습 ☞ 명심보감이라는 책 안에는 '지자상락(智者常樂)'이라는 문구가 나온다.

❷ 이 말은 지혜로운 사람은 항상 즐거워한다는 뜻이다.

　　대치연습 ☞ 그 뜻은, 지혜로운 사람은 항상 즐거워한다는 것이다.

❸ 바꾸어 말하면 언제나 즐거운 인생을 누리려면 지혜로워야 한다는 의미이며, 항상 즐거운 인생을 누릴 만큼 현명하다면 그는 명실상부한 현자의 칭호를 얻을 수 있는 사람일 것이다.

　　대치연습 ☞ 이것을 다른 말로 하자면, 사람이 즐거운 인생을 영위하기 위해서는 지혜로워야 한다는 뜻이 된다. 언제나 즐거운 인생을 누릴 만큼 현명하다면 그는 진정으로 현자라고 불릴만한 사람일 것이다.

그러면, 이제 대치연습한 문장만 따로 떼어 연결시켜 보겠습니다.

명심보감이라는 책 안에는 '지자상락(智者常樂)'이라는 문구가 나온다. 그 뜻은, 지혜로운 사람은 항상 즐거워한다는 것이다. 이것을 다른 말로 하자면, 사람이 즐거운 인생을 영위하기 위해서는 지혜로워야 한다는 뜻이 된다. 언제나 즐거운 인생을 누릴 만큼 현명하다면 그는 진정으로 현자라고 불릴만한 사람일 것이다.

처음에 제시한 제시문과 표현 방법이 조금 달라졌고 뉘앙스도 조금 차이가 납니다. 이렇게 대치연습을 하다보면, 동일한 의미를 다르게 표현하는 방법을 익힐 수 있습니다.

○ **대치연습을 적용해서 초고를 다듬어가는 과정 살펴보기 (글쓰기 메커니즘 익히기)**

이번에는 앞에서 한 것과 반대로 [제시문]을 먼저 보여드립니다. 여기서는 실제 글쓰기 메커니즘을 익힙니다. 이미 완성된 글을 제시문으로 사용하되, 그 글을 쓴 과정을 보여드리겠습니다. 결과물로 완성한 글을 쓰기 위해 제가 중간에 대치연습을 어떻게 했는지를 보여드리면, 여러분이 글을 쓰실 때 그 과정을 참고로 본인의 글에 적용할 수 있으리라 생각합니다. 우선, 짧은 예문을 가지고 설명해보겠습니다. 긴 문장도 이와 같은 요령으로 써 나간다고 생각하시면 됩니다. 여기에 제시한 글은 짧은 한 단락입니다.

[제시문] - 완성한 글

> 동물이나 식물은 아이들의 정서 발달에 영향을 준다. 그래서 도시에서 자란 아이와 시골에서 자란 아이들의 정서가 많이 다르다는 것도 알 수 있다. 시골에서 자란 사람은 도시가 선망의 대상이 될 것이며 도시에서 자란 사람은 시골을 살아보고 싶은 곳으로 생각할 수 있다.

[초고] - 처음에 쓴 글

> 아이들은 동물이나 식물로부터 정서적 영향을 많이 받는다. 도시와 시골 아이들의 정서가 차이난다는 사실도 우리는 알고 있다. 시골 출신은 도시에서 살아보는 것이 로망이고, 도시 출신은 시골에서 살아보는 게 로망이라고 말할 수도 있다.

[제시문]으로 나온 글은 몇 단계를 거쳐 결과물로 완성된 문장입니다. 그러니 이것은 초고가 아니지요. 그러면 이 글을 저자가 처음에는 어떻게 썼으며, 그 글을 어떻게 바꾸어 갔는지 살펴보시기 바랍니다. 글이 변해가는 과정 자체가 글쓰기 과정이라고 생각하시면 됩니다. [초고]와 [제시문]을 비교해가면서 살펴보시면 더 쉽게 이해할 수 있겠지요. [초고]는 세 문장으로 이루어져 있습니다. 이 셋에 각각 번호를 붙였습니다.

[초고]에 번호를 붙였습니다.

> ❶ 아이들은 동물이나 식물로부터 정서적 영향을 많이 받는다.
> ❷ 도시와 시골 아이들의 정서가 차이난다는 사실도 우리는 알고 있다.
> ❸ 시골 출신은 도시에서 살아보는 것이 로망이고, 도시 출신은 시골에서 살아보는 게 로망이라고 말할 수도 있다.

각 문장을 조금씩 바꿔보겠습니다.

❶ 아이들은 동물이나 식물로부터 정서적 영향을 많이 받는다.
　→ 동물이나 식물은 아이들의 정서 발달에 영향을 준다.
❷ 도시와 시골 아이들의 정서가 차이난다는 사실도 우리는 알고 있다.
　→ 그래서 도시에서 자란 아이와 시골에서 자란 아이들의 정서가 많이 다르다는 것도 알 수 있다.
❸ 시골 출신은 도시에서 살아보는 것이 로망이고, 도시 출신은 시골에서 살아보는 게 로망이라고 말할 수도 있다.
　→ 시골에서 자란 사람은 도시가 선망의 대상이 될 것이며 도시에서 자란 사람은 시골을 살아보고 싶은 곳으로 생각할 수 있다.

처음에 [초고]로 썼던 내용이 완성본으로 바뀌는 과정에서 달라진 것은 아니지만 표현이 좀 바뀌었습니다. 물론 여러분이 알아보기 쉽게 하기 위해서 중간 생략을 하고 [초고]와 [제시문]만 기록했지만 사실 그 중간에는 더 여러 번 고쳐쓰기한 과정이 있었습니다. 결국 이제까지 여러분이 앞에서 대치연습을 했던 모든 훈련이 지금 여기에서 보듯이 실제 글을 쓰는 습작에서 빛을 발하는 것입니다.

모든 글은 이런 과정을 통해 탄생합니다. 글을 쓰고자 하는 필자의 머릿속에 떠오른 개념이나 생각이 두뇌 안의 글쓰기 메커니즘을 거쳐 '문장'이라는 형태로 종이 위에 구현되는 것입니다. 이것이 '글쓰기의 실체'입니다.

머리말에서도 언급했듯이, 한 문장을 제대로 쓸 줄 알아야 여러 문장을 제대로 쓸 수 있습니다. 결국은 이 여러 문장이 바로 '글'이지요. 한 문장 한 문장은 따로 놀 수 있지만 이 여러 개의 문장을 어떤 <u>순서</u>에 의해 잘 엮어나가느냐 하는 것이 글쓰기입니다. 여기서 말하는 '순서'가 바로 '논리'입니다. 다시 말해서, 논리적 순서에 의해서 글을 전개해나가는 것이지요.

글쓰기를 어렵게 생각하실 필요가 없습니다. 다만, 한 문장 한 문장을 쓰면서 자신의 생각을 얼마나 효과적으로, 얼마나 정성스럽게 써내느냐 하는 것에만 집중하다보면 여러분도 인지하지 못하는 사이에 실력이 향상되어간다는 것을 발견할 수 있을 겁니다.

이제부터는 조금 더 긴 문장으로 연습해보기 위해 문단(paragraph)을 단위로 연습합니다. 네모 칸 안에 제시한 제시문을 가지고 대치연습했습니다. 표현을 다르게 해서 변형된 글로 만들었으니, 이 요령을 잘 익혀서 그 다음에 나오는 문제를 풀 때 적용해보세요. 이 훈련이 조금 더 어렵긴 하겠지만 앞에서 연습한 것의 연장선상에 있는 것이라고 생각하시면 됩니다.

[제시문]

생뚱맞게 왜 남의 사업 걱정이나 하고 있는 것인지 스스로도 설명하기 어려웠다. 길을 계속 걸었다. 몇 가지 어쭙잖은 생각들이 머릿속을 혼란스럽게 했다. 그러다 문득 중학생 때 읽었던 찰스 디킨즈의 〈올리버 트위스트〉가 생각났다. 태어나서 고아로 살아갈 수밖에 없는 운명을 받아들여야했던 주인공이 떠올랐다. 그러더니 샬럿 브론테가 쓴 〈제인에어〉도 떠올랐다. 역시 고아의 삶을 억척스럽게 살아야했던 그녀가 아니었던가.

[대치연습한 문장]

아무 상관도 없는 남의 사업을 걱정할 필요도 없는데 내가 왜 그런 생각을 했는지 스스로도 이해하기 어려웠다. 그러면서 오래 전 책에서 읽었던 고아들이 떠올랐다. 찰스 디킨즈의 〈올리버 트위스트〉, 샬럿 브론테의 〈제인에어〉와 같은 소설 속 인물들은 고아로 살아가야 하는 운명을 받아들이며 꿋꿋이 살았던 사람들이 아니었던가. 이런 생각이 꼬리에 꼬리를 물며 계속 이어졌다.

여러분이 지금부터 하는 대치연습은 실질적인 글쓰기 작업이라고 간주해도 됩니다. 제시문이 주어진 상태에서 글을 쓰는 것이긴 하나, 어쨌든 여러분의 생각이 이끌어가는 대로 쓰는 문장이기 때문입니다.

네모 칸에 글을 쓰면서 스스로 생각해보십시오.

'아하! 내가 글을 쓰고 있구나.'

맞지요? 여러분이 글을 쓰고 있는 겁니다. 그 어렵게 여겨지던 글을 쓰고 있단 말입니다. 놀랍지 않나요? 이렇게 쓰는 연습을 하는 것이 실질적인 글쓰기 연습입니다.

아래에 나온 제시문을 변형시켜 여러분의 글로 바꿔보세요.

[제시문]

'불혹'이라는 단어가 나와 상관없는 단어가 아닌 것에 대해 자랑스러워해야할지 아니면 세월의 덧없음을 한탄해야할지 혼동스러워할 겨를도 없이 어느새 '불혹'이 찾아오게 되었다.

[대치연습으로 문장을 만들어보세요. 짧고 간단하게 써도 괜찮습니다]

아래에 나온 제시문을 변형시켜 여러분의 글로 바꿔보세요.

[제시문]

> 한가한 오후 한때를 보내고 싶다. 바쁜 현대인. 무엇을 위해 질주하며 쉬임 없이
> 달려가는가? 문득 김영랑의 시 '돌담에 속삭이는 햇발같이' 에 나오는 '오늘 하루
> 하늘을 우러르고 싶다.' 라는 대목이 떠오른다. 굳이 나태하고 한가하게 빈둥거리
> 고 싶다는 욕구보다는 그저 수족이나 편하게 휴식을 제공해 주고 싶을 뿐이다.

[대치연습으로 문장을 만들어보세요. 짧고 간단하게 써도 괜찮습니다]

아래에 나온 제시문을 변형시켜 여러분의 글로 바꿔보세요.

[제시문]

26세의 나이로 그 당시 물리학계의 큰 별로 인정받았던 아인슈타인. 그는 자타가 공인하는 인류역사상 최고의 천재라 해도 그의 회백질 뇌세포는 필자를 비롯한 모든 인류의 두뇌들과 그 구조가 조금도 다르지 않다는 사실에 우리는 관심을 가져야 할 것이다.

[대치연습으로 문장을 만들어보세요. 짧고 간단하게 써도 괜찮습니다]

아래에 나온 제시문을 변형시켜 여러분의 글로 바꿔보세요.

[제시문]

> 인생에 있어서 왕도는 없으며 정석도 없다. 굳이 어떤 길을 택해 반드시 그 길로만 가야한다는 필연성도 없고 의무 또한 없는 것이다. 생의 장은 무한히 넓고 우리는 누구하나 예외 없이 불모지를 개척해 나가듯 모진 풍파와 부딪히며 굳건히 버텨내야 하지만 그것이 그리 쉬운 일은 아니다. 우리네 인생엔 굴곡이 많다. 극복해야 할 고통의 장벽 가운데 가장 넘기 어려운 것은 무엇일까? 그것은 아마도 대인관계에서 빚어지는 서로간의 알력과 투쟁이 아닐까? 내가 넘어지지 않기 위해서는 남을 넘어뜨려야 하고 내가 성공하기 위해서는 남을 낙오시켜야 한다는 극단적 이기주의와 배수진의 철학이 작용한 것은 아닐는지……

[대치연습으로 문장을 만들어보세요. 짧고 간단하게 써도 괜찮습니다]

아래에 나온 제시문을 변형시켜 여러분의 글로 바꿔보세요.

[제시문]

> 발길이 닿는 곳이라면 지구의 끝 모퉁이에라도, 아니 달나라를 지나 퀘이사 土雲까지라도 탐험해 보리라고 의지를 불태우는 프로 탐험가들의 호기(豪氣)에는 미치지 못한다 해도 미지의 세계로의 초행은 무척 큰 기대와 호기심을 자아낸다.

[대치연습으로 문장을 만들어보세요. 짧고 간단하게 써도 괜찮습니다]

아래에 나온 제시문을 변형시켜 여러분의 글로 바꿔보세요.

[제시문]

> 녹음이 우거진 신록의 계절에 매미와 쓰르라미, 뻐꾸기의 합창에 맞춰 자연의 화음에 청각을 세운다. 인생보다 길다고 하는 예술을 향해 또 하나의 작품을 해산키 위해 인내를 두려워하지 않는다.

[대치연습으로 문장을 만들어보세요. 짧고 간단하게 써도 괜찮습니다]

아래에 나온 제시문을 변형시켜 여러분의 글로 바꿔보세요.

[제시문]

청빈낙도를 좌우명으로 삼고 유유자적하며 사심 없이 인생을 즐기던 우리네 조상들의 여유로운 삶은 흔적도 찾아볼 수 없게 되었을 뿐 아니라 어떻게 하면 내 한 몸 입신출세하여 내 배나 두들기며 살 수 있을까 하는 궁리에만 혈안이 되어 있는 듯하다. 언제부터인가 우리의 심성은 '양심'이란 거추장스런 딱지를 내던지기 시작했으며, 『손자병법』을 생활에 적용시켜 시험해 보기라도 하듯 세상살이를 마치 전쟁놀이하는 것처럼 싸움을 즐기며 살아가는 듯한 인상을 받는다.

[대치연습으로 문장을 만들어보세요. 짧고 간단하게 써도 괜찮습니다]

잠시 머리를 식히고 가겠습니다. 글쓰기에 도움 되는 팁(tip)을 소개합니다.

[Tip7]

[Tip6]에서 설명했던 것을 여기에서는 구체적 예문을 가지고 다시 한 번 살펴보겠습니다. 첫 문장을 어떻게 써야할지 모른다는 분들이 많아서, 제가 썼던 글들 중 일부를 예문으로 활용해보겠습니다.

여기에서 여러분이 주의 깊게 살펴야 할 내용은 **제목**과 **첫 문장**입니다. 제목은 그 글의 주제를 담고 있는 경우가 많기 때문에 중요하기도 하고, 또 독자들 입장에선 여러분이 쓴 글에서 가장 먼저 접하는 내용이기도 하기 때문에 그렇습니다. 제목으로부터 그 글의 첫 인상이 결정되기 때문에 제목은 중요합니다.

다음 글은 전문이 매우 짧은 글입니다. 버스를 타고 가다가 그냥 스마트폰으로 간단히 작성해서 SNS에 올렸던 글입니다. 제가 지방에 강의하러 갈 때 탄 버스의 에어컨에서 풍기는 악취 때문에 숨 쉬기가 곤란했다는 것을 풍자적으로 쓴 글입니다.

제목과 첫 문장을 잘 읽어보세요. 우선, **제목**은 그 글에 대한 전체 <u>주제를 암시할 만한 내용</u>으로 정합니다. 그리고 **첫 문장**은 그 글 전체의 내용을 대변할 수 있는 <u>내용적 배경</u>을 담아 한 문장으로 써내면 됩니다.

여러분이 글을 쓰기 위해 제목을 정하고 첫 문장을 쓸 때도 이와 같은 요령으로 하시면 됩니다. 글을 쓰기 전에 우선 생각부터 하십시오. 이 글에서 내가 말하고 싶은 이야기(메시지)가 무엇인가부터 생각한다면 그것이 곧 그 글의 주제가 된다는 것을 의미합니다. 그 다음은, 그 주제로 나아가기 위해 어떻게 도입부를 시작하면 될까를 고민하셔야 합니다. 여기에서 제가 정답을 말해줄 것이 아니라, 이제부터 소개하는 몇 가지 예를 통해서 여러분 스스로 감각을 익히시면 좋겠습니다.

[예문1]

제목: 레지오넬라균 경계하기

  <u>지방에 강의하러 다닐 때 주로 고속버스나 시외버스를 이용하는데 요즘은 각별히 레지오넬라균을 경계하게 된다.</u> 버스 에어컨에서 나오는 퀴퀴한 냄새를 맡으며 내 허파가 잘 견뎌주기를 바랐다. ~~~
  [이하 생략]

  여기에서는 글 전체 내용을 소개하지 않고 제목과 첫 문장을 보여드리는 정도만 하겠습니다. 여러분이 쓰는 각각의 글은 그 글만이 가지고 있는 유일한 상황과 배경이 있기 때문에, 한 가지로 획일화해서 정답을 알려드릴 수는 없습니다. 본인이 스스로 기른 감각을 글 안에서 구현하시면 됩니다.

[예문2] 다음 글은 약식으로 쓴 영화감상문의 일부입니다.

제목: 영화 '인터스텔라'를 보고 나서

  <u>예고편을 접했을 때 꼭 봐야 할 영화라는 걸 직감했다.</u> 극장엔 나를 포함해 다섯 명의 관람객이 있었다. 개봉 첫날에 조조(아침 상영)로 영화를 관람한다는 것은 그만큼 그 작품에 대한 기대가 컸기 때문이라고 해야 할 것 같다. ~~~
  [이하 생략]

독자가 이 글을 처음 접하면서 어떤 정보를 어떻게 받아들이는지를 생각해보십시오. 이 글뿐 아니라 모든 글에 해당하는 원리입니다. 우선, 독자는 제목을 봅니다. 제목에 '영화를 보고 나서'라는 내용이 있으므로 이 글이 영화감상문이라는 정보를 맨 먼저 얻습니다. 그리고 영화 제목이 영어인 것으로 봐서는 아마 할리우드급 영화가 아닐까 하고 상상하게 되겠지요.

그 다음은 무엇인가요? 첫 문장을 접하겠지요. 도입부에 해당하는 첫 문장을 눈 여겨 보십시오. 첫 문장 쓰기를 어려워하시는 분이라면 여기에 주목할 필요가 있습니다. 첫 문장 "예고편을 접했을 때 꼭 봐야 할 영화라는 걸 직감했다."를 살펴볼까요? 이 문장에서 독자들이 얻는 정보는 무엇인가요?

① 영화감상문을 쓴 사람은 영화를 보기 전에 예고편을 먼저 보았다는 사실
② 예고편을 보고 마음에 들어 그 영화를 꼭 봐야겠다고 다짐했다는 사실

이 글을 쓴 사람은 첫 문장을 통해서 ①,② 두 가지 사실을 먼저 전달하려고 했다는 것이지요. "예고편을 보았다. 예고편이 마음에 들어 그 영화를 꼭 봐야겠다고 생각했다." 라고 쓰지 않고, "예고편을 접했을 때 꼭 봐야 할 영화라는 걸 직감했다."라고 서술했습니다. 스토리 안에서 작가가 독자에게 메시지를 전달하는 방법에는 여러 가지가 있겠습니다만, 이 문장에서와 같이 있는 그대로를 직접 서술하는 방식이 아니라, 문장에 녹여내어 독자들이 그 문장 안의 정보를 유추 해석하게 만드는 방식도 있지요.

첫 문장을 이렇게 시작했을 때, 독자들은 어떤 생각을 할까요? 아마 이렇게 생각할 겁니다. '예고편을 봤는데 빠져들었다는 거지? 그래서 영화를 꼭 보고 싶었다는 거지? 굉장히 재미있는 영화인가 보네. 그 영화의 매력은 뭘까? 나도 매력을 느낄 만큼 재미있을까?'와 같은 상상을 하게 만드는 문장이라고 할 수 있겠습니다.

그리고 나서 다음 문장들을 읽어보니 조조로 영화를 보았다는 내용이 나오는 것을 보니 엄청나게 기대를 하고 본 것이 틀림없다는 사실을 알게 되겠지요. 이와 같이 저자는 독자의 생각을 유도해야 합니다. 저자가 가지고 있는 의식의 흐름을 독자가 따라오게 하면서 논리적으로 끌고나가야 한다는 것입니다.

[예문3] 다음 글은 지하철을 타고 가다 실제로 겪은 일에 대해 쓴 글입니다.

> 제목: 지하철에서
>
> 오전 8시경, 구로역. 지하철 문이 열리자 사람 쓰나미가 몰려 들어왔다. 꺅……. 이렇게 많은 사람들이 한꺼번에 밀어닥치다니……. 문 바로 앞에 바짝 붙어있던 나는 쓰나미에 밀려 좌석에 앉은 사람 앞에 다다랐고 이어 허리가 꺾여들자 나는 벽에 손을 붙여 버텨보았으나 그나마 여의치 못했다. ~~~
>
> [이하 생략]

이 글의 첫 문장은 아주 일반적이고 흔한 경우라고 할 수 있겠습니다. 해당 글을 처음 접하는 사람에게 가장 빠르고 확실하게 글의 배경을 알려주는 방식이지요. 첫 문장에서 우선 그 글의 시간과 공간 배경을 알려주고 있습니다. '오전 8시'라는 시간 배경과 '구로역'이라는 장소 배경을 먼저 제시하여 독자들이 쉽고 빠르게 글 내용에 집중하게 해줍니다. 다른 대부분의 글에서 이러한 정보가 부족하다면 독자들은 해당 글을 한참 읽고 나서야 이해하게 되는 경우가 많지요.

독자들이 그 글을 읽으며 의문점을 가지지 않게 해주는 것이야말로 '좋은 글'을 쓰는 지름길이라 하겠습니다. 글쓰기 초보자가 쓴 글을 읽다 보면, 독자 입장에서는 이해가 되지도 않고 자꾸 의문점들만 쌓이는 경우가 많습니다. 저자는 자신이 쓰는 글의 전후 배경을 다 알고서 글을 쓰는 것이지만, 독자들은 그 배경을 전혀 모른 채 쓰인 글을 통해서만 이해한다는 것이지요. 그러니 앞뒤 맥락을 이해할 수 있도록 저자가 친절하게 쓰지 않으면 독자는 그 글을 부분적으로 밖에 이해하지 못하는 겁니다. 결국은 그 글을 끝까지 다 읽고서도 뭔가 찜찜한 기분이 들고 저자의 의도를 파악하지 못하는 경우도 있지요. 그러므로 '친절한 글쓰기'가 필요한 겁니다. '글'을 '의미 전달의 수단'이라고 생각하셔야 '전달'이라는 관점에서 독자를 더 배려하며 글을 쓰실 수 있을 거라고 생각합니다.

[예문4] 다음 글은 약식으로 쓴 영화감상문의 일부입니다.

제목: 영화 '퓨리'를 보고 나서

   <u>오랜만에 관람한 전쟁 영화가 신선한 충격으로 다가왔다.</u> 전쟁 영화 〈라이언 일병 구하기〉를 본 것이 마지막이었으니 그럴 만도 했다. 영화 제목 'Fury(분노)'에서도 말하고 있듯이 전쟁의 참상이 실감 나게 전해지는 걸작이었다. ~~~
   [이하 생략]

   이 글도 영화를 본 후 쓴 감상문입니다. 첫 문장은 그냥 평이하게 시작했지요. 글 제목에 '영화'라는 말이 들어 있기 때문에 영화감상문이라는 정보는 일단 독자들에게 전달한 셈입니다. 그리고 나서 독자들은 첫 문장을 접하게 되는데, "오랜만에 관람한 전쟁 영화가 신선한 충격으로 다가왔다."라고 했습니다. 이 문장도 두 가지 정보를 가지고 있습니다.
  ① 영화감상문을 쓴 사람이 오랜만에 전쟁 영화를 보았다는 사실
  ② 다 보고 나니 영화감상문을 쓸 만큼 좋았고, 신선한 충격으로 다가왔다는 사실

   그리고 나서, 이전에 보았던 다른 영화와 대비하여 기억을 연결시키려는 시도를 했다는 것이 바로 뒷 문장에 이어지지요. '글'이라는 것에는 원래 정답이 없기 때문에 어떤 말을 이어도 상관없습니다만 이 글에서는 저자가 그렇게 이어나갔다는 겁니다. 여러분이 글을 쓸 때도 어떤 이론이나 틀에 얽매이려 하지 말고, 그저 자유롭게 상상하면서 새로운 시도를 끊임없이 해나간다면 창의적인 글을 써낼 수 있으리라 확신합니다.

   여기까지는 **[Tip7]**이었고 다음 페이지부터는 정상적으로 진도를 나갑니다.

아래에 나온 제시문을 변형시켜 여러분의 글로 바꿔보세요.

[제시문]

조용히 사색할 시간이 필요하다. 급하고 분주하며 서두르고 조바심을 내는 좋지 못한 습성이 배어있는 한 상념의 파편들은 정리되지 못하는 법이다. 침잠·성찰·침묵의 시간이 흐르고 있다. 칠흑 같은 어둠이 물러가면 축복받은 태양은 다시금 얼굴을 내밀며, 대지에 흩어진 빗방울들은 하나하나 증기로 변하여 창공을 배회하다 구름을 만들게 되리라. 구름은 다시 빗방울들을 만들며 뉴튼이 이야기한 중력의 법칙에 의해 또다시 대지를 촉촉이 적시며 정다운 연인들의 가슴에 낭만을 선사하겠지.

[대치연습으로 문장을 만들어보세요. 짧고 간단하게 써도 괜찮습니다]

아래에 나온 제시문을 변형시켜 여러분의 글로 바꿔보세요.

[제시문]

행복은 마음에 있다고들 한다. 집안의 새장에 있는 파랑새에게는 눈길 한 번 주지 않고, 가보지 않은 곳, 가기 어려운 곳, 상상으로만 닿을 수 있는 곳에서 파랑새를 찾고 있는 것은 아닌지 생각해볼 일이다. 진리가 가까운 곳에 있듯이 행복도 멀리 있지 않다. 단지 우리가 발견하지 못하는 것뿐이다.

[대치연습으로 문장을 만들어보세요. 짧고 간단하게 써도 괜찮습니다]

아래에 나온 제시문을 변형시켜 여러분의 글로 바꿔보세요.

[제시문]

내 회원 중에는 이름만 대면 누구나 알 수 있는 회사 대표의 자녀도 있었다. 그 집은 주택가에 위치하고 있었는데 대지가 넓고 멋스러우며, 집안의 분위기도 매우 온화하고 정감이 넘쳐흘렀다. 아이의 어머니는 젊고 예쁘고 친절했다. 그 당시엔 가정집에서 에어컨을 트는 경우가 흔치 않았던 때라 여름에 그 집에 방문할 때면 에어컨 바람을 맞을 수 있겠다는 기대를 했던 기억이 난다.

[대치연습으로 문장을 만들어보세요. 짧고 간단하게 써도 괜찮습니다]

아래에 나온 제시문을 변형시켜 여러분의 글로 바꿔보세요.

[제시문]

오토바이가 차가운 아스팔트 위를 달리고 있었다. 수은주는 영하 10도 아래로 뚝 떨어졌다. 이렇게 추운 날씨에 오토바이를 타면 체감온도는 상상할 수 없을 만큼 곤두박질친다. 뼛속까지 파고드는 한기가 온 몸 구석구석 전해진다. 그러나 그는 추위 같은 것에 신경 쓸 겨를이 없었다. 그건 한가한 사람들이나 하는 얘기일뿐, 당장 해결해야 할 일이 있는 사람에게 추위 같은 건 안중에도 없었다.

[대치연습으로 문장을 만들어보세요. 짧고 간단하게 써도 괜찮습니다]

아래에 나온 제시문을 변형시켜 여러분의 글로 바꿔보세요.

[제시문]

수없이 낙방을 하고 처음으로 합격한 곳은 대전에서도 낙후된 지역에 있는 허름한 사무실을 쓰는 회사였다. 외국인 노동자로 보이는 몇몇 사람들만이 힐끔거리며 곁 눈질로 쳐다보고 있었고, 공장 바닥에는 더러운 기름 자국이 여기저기 눈에 띄었 다. 합격이라고 해서 찾아간 것이 이력서를 품에 넣고 다닌 지 두 달만이었다.

[대치연습으로 문장을 만들어보세요. 짧고 간단하게 써도 괜찮습니다]

Pattern 5

내가 쓴 글을 대치연습하기

이제 최종 단계입니다. 여러분이 새로운 글을 쓰시고 그것을 스스로 고쳐서 또 하나의 글을 만드는 작업입니다.

예전에 써놓은 글을 가져와도 좋습니다. 만일 써놓은 글이 없다면 새롭게 글을 한 편 써보세요. 본인이 쓴 글을 본인이 다시 쓰는 것은 리라이팅(rewriting)이라고 할 수 있는데 이것 역시 글쓰기 훈련 과정 중 하나입니다. 리라이팅을 제대로 하지 못하면 완성도 있는 문장을 만들어낼 수 없어서 대외적으로 발표하기 곤란해집니다.

유명한 일화가 있지요. 〈노인과 바다〉를 쓴 헤밍웨이는 자신의 글을 200번이나 고쳐 썼다고 합니다. 여러분도 이와 같이 고쳐 쓰는 연습을 해야 합니다. 그러지 않고서는 완성도 있는 글을 써낼 수 없습니다.

제가 항상 수강생들에게 말하는 것이 있습니다. 수강생 여러분이 쓴 글을 중학생이 읽더라도 충분히 이해할 수 있게 쓰라고 합니다. 바꾸어 말해서, 어려운 단어를 사용하지 말고 쉬운 단어만 사용하라는 겁니다. 어려운 단어 또는 잘 사용하지 않는 단어를 사용해야 독자가 저자를 유식하다고 칭찬해줄 것이라는 생각을 한다면 그건 잘못된 생각입니다. '글'이라는 것은 의사소통 수단이기 때문에 '사실', '의미', '감정', '느낌' 등이 독자에게 잘 전달만 되면 그 글은 성공적인(잘 쓴) 글이라고 할 수 있지요.

여러분이 글을 잘 쓰고 싶다면 우선 우리말과 우리글을 사랑해야 합니다. 그러면 글을 쓰는 태도가 달라집니다. 함부로 대하지 않게 됩니다. 바르고 참된 말을 사용하려고 애쓰게 됩니다. 젊은 세대들이 사용하는 이모티콘이나 신조어들은 사실상 글을 쓰는데 방해요소가 될 때가 많습니다. 감정을 글로 표현해야 할 때 이모티콘을 사용하려 한다면 '글'의 역할이 줄어들어 그 기능을 다하지 못하게 됩니다. 글을 쓸 때는 글로써 승부를 걸어야 합니다. 다른 요소를 개입시키지 않고 온전히 글만 가지고 여러분의 생각이나 느낌, 감정을 표현하세요.

[예전에 내가 쓴 글] – 만일 써 놓은 글이 없다면 새로운 글을 써보세요. 주제는 마음대로 정해서 쓰시면 됩니다. 네모 안에 써 넣으세요. 칸을 꽉 채우려고 하지 마시고 쓸 수 있는 만큼 쓰시고 억지로 채우기 위해서 늘여 쓰지는 마십시오.

이제 앞에서 쓴 글을 고쳐쓰기합니다. 대치연습(substitution drill)도 되고 리라이팅 (rewriting) 연습도 됩니다. 앞에서 썼던 글을 차분히 음미하면서 읽어보세요. 그리고 어느 지점에서 어떤 단어를 어떻게 고칠 것이며, 문장 간의 흐름을 어떻게 이어나가며 바꿀 것인지도 생각하는 겁니다.

[리라이팅한 글] - 대치연습과 리라이팅을 동시에 하는 작업입니다.

　이제는 새롭게 작문해보세요. 짤막하게라도 본인의 마음이 드러나는 글을 써보세요. 주제는 어떤 것이라도 상관없습니다. 일기나 편지 형식이라도 괜찮습니다. 처음에는 어려워하는 것이 당연하니 주제를 정해드리겠습니다. 가장 무난하면서도 어려운 주제입니다. 대학입시나 입사시험에서 다루는 〈자기 소개서〉라고 생각하시고 자신에 대해 서술해보세요.

[새로 쓴 글] - 주제: 나는 어떤 사람인가? (나는 나를 무어라 하는가?)

앞에서 쓴 글을 다듬어서 새롭게 써보세요. 양을 더 늘려도 좋고 처음에 미흡했던 부분이 있는지 잘 읽어보면서 더 세련된 문장으로 만들어보세요.

[리라이팅한 글] - 대치연습과 리라이팅을 동시에 하는 작업입니다.

또 다른 주제로 글을 써 보겠습니다. 당신이 만일 글쓰기 실력이 탁월한 사람이라면 이런 훈련이 불필요하게 여겨질 수도 있습니다. 하지만 본인의 실력과는 상관없이 이러한 훈련은 반복 숙달해야 합니다. 이 책의 저자인 저 역시 그다지 대수롭지 않은 주제를 가지고도 꾸준히 글을 쓰고 있습니다. 대단하고 특별한 일이 있을 때만 글을 쓸 것이 아니라 기회가 있을 때마다 수시로 자주 연습해야 합니다. 아래의 주제로 글을 써보세요.

[새로 쓴 글] – 주제: 무엇이 나를 가장 기쁘게 하는가?

앞에서 쓴 글을 다듬어서 새롭게 써보세요. 양을 더 늘려도 좋고 처음에 미흡했던 부분이 있는지 잘 읽어보면서 더 세련된 문장으로 만들어보세요.

[리라이팅한 글] – 대치연습과 리라이팅을 동시에 하는 작업입니다.

'스토리텔링'이라는 말을 들어보셨나요? 글은 기본적으로 이야기(스토리)를 근간으로 전개됩니다. 스토리를 잘 엮어나가야 한다는 것이 우리가 연습하려고 하는 글쓰기의 본질적인 과제지요. 어떻게, 무엇을, 왜, 어떤 방식으로 이야기를 이끌어나가느냐에 따라 그 글에 대한 평가가 달라지는 것입니다. 최대한 논리적으로 전개하십시오. 글의 흐름상 생뚱맞은 이야기가 나오지 않도록 문장의 순서를 바꿔가며 써보세요. 앞에서는 단어 위주로 대치연습을 했지만, 여기에선 문장의 순서도 조정할 필요가 있습니다. 앞문장과 뒷문장이 자연스럽게 연결되게 최대한 신경을 쓰면서 쓰십시오.

[새로 쓴 글] – 주제: 가장 큰 감동을 받았던 사건에 대해 쓰시오.

앞에서 쓴 글을 다듬어서 새롭게 써보세요. 양을 더 늘려도 좋고 처음에 미흡했던 부분이 있는지 잘 읽어보면서 더 세련된 문장으로 만들어보세요.

[리라이팅한 글] – 대치연습과 리라이팅을 동시에 하는 작업입니다.

Pattern5까지 모두 연습했으니 이제 여러분이 할 일은 좀 더 긴 글, 더 세련된 글, 시도해보지 않았던 장르의 글쓰기에 도전하는 것입니다. 여러분이 이제껏 일기나 편지 형식의 글만 썼다면 이제부터는 수필도 써보고, 시도 써보고, 기행문, 영화감상문, 논설문, 평론도 써보십시오. 여기에서 더 욕심을 낸다면 소설이나 드라마에도 도전해볼 수 있겠지요. 글쓰기 초보자에게 이런 장르의 글에 도전하라고 하면 무리가 따르겠지만, 조금씩 실력이 나아진다면 언젠가는 그런 글도 쓸 수 있으리라고 생각합니다.

'천 리 길도 한 걸음부터'라는 말이 있듯이, '글쓰기'에 임하는 자세 또한 이와 같아야 한다고 봅니다. 한 문장 한 문장 정성들여 만들다보면 한 문장이 두 문장이 되고, 두 문장이 네 문장이 될 것입니다. 글이라는 것은 여러 개의 문장이 군집하여 이루는 것이므로 '한 문장을 잘 쓴다'는 것은 '글을 잘 쓴다'는 개념으로 확장될 수 있다는 것을 명심하시기 바랍니다. 단 한 개의 문장도 허투루 대충 쓰지 않는 자세, 이것이야말로 글쓰기를 공부하는 사람이 반드시 가져야할 덕목이라고 생각합니다.

이 책에서 결국 추구하는 목표는 '기본기 다지기'입니다. 이론을 배운다고 해서 글을 잘 쓰는 것은 아니라는 것을 강조했습니다. 그러나 글쓰기 이론도 공부하고 싶다는 분들이 많지요. 이 책은 글쓰기 실전 연습만 다루고 있어서 이론을 싣지 않았습니다만, 제가 쓴 책 〈자서전 쓰기 강사가 쓴 자서전〉의 Chapter2에는 글쓰기 이론을 정리해놓았습니다. 글쓰기 노하우 이론이 궁금하신 분은 이 책을 활용해보시는 것도 좋겠습니다. 이 책은 '실용 글쓰기 연습'에 최적화 되어있기 때문에 자기소개서 또는 업무용 보고서, 이메일용 편지글, 논술 글쓰기 연습을 하는데 많은 도움을 줄 것으로 기대합니다.

참고로, 이 책의 저자가 운영하는 '민선생 글쓰기 체험관(https://writeach.modoo.at)'이 있으니 이용해보세요. 글쓰기 관련 자료 제공은 물론 상담도 해드립니다.

아무쪼록, 여러분이 애초에 계획했던 목표가 이 책을 통해 달성되었길 바랍니다. 우리말과 우리글을 사랑하는 마음을 가지고 꾸준히 연습한다면 글쓰기를 진정 즐기는 경지에 다다를 수 있을 것이고, 더 이상 글쓰기로 인해 고민하거나 스트레스를 받는 일은 없으리라 확신합니다. 건필하시기 바랍니다. 그럼 저는 이만……. 체험관에서 만납시다.